人口老龄化背景下我国统筹城乡社会养老保险制度的设计与实施

朱亚方　郭元元　著

中国言实出版社

图书在版编目 (CIP) 数据

人口老龄化背景下我国统筹城乡社会养老保险制度的设计与实施 / 朱亚方, 郭元元著. -- 北京 : 中国言实出版社, 2023.9

ISBN 978-7-5171-4577-6

Ⅰ. ①人… Ⅱ. ①朱… ②郭… Ⅲ. ①社会养老保险—养老保险制度—研究—中国 Ⅳ. ① F842.67

中国国家版本馆 CIP 数据核字 (2023) 第 166627 号

人口老龄化背景下我国统筹城乡社会养老保险制度的设计与实施

责任编辑：代青霞
责任校对：张国旗

出版发行：中国言实出版社
　　　　地　　址：北京市朝阳区北苑路180号加利大厦5号楼105室
　　　　邮　　编：100101
　　　　编辑部：北京市海淀区花园路6号院B座6层
　　　　邮　　编：100088
　　　　电　　话：010-64924853（总编室）　　010-64924716（发行部）
　　　　网　　址：www.zgyscbs.cn　电子邮箱：zgyscbs@263.net

经　　销：新华书店
印　　刷：北京俊林印刷有限公司
版　　次：2024年1月第1版　　2024年1月第1次印刷
规　　格：787毫米×1092毫米　　1/16　　9.5印张
字　　数：202千字

定　　价：70.00元
书　　号：ISBN 978-7-5171-4577-6

前言 / PREFACE

在当今世界，人口老龄化已经成为一个全球性的挑战，直接影响着政治、经济和社会等多个领域。随着医疗水平的提高和人们生活条件的改善，人们的平均寿命逐渐延长。这在积极反映社会进步的同时，也带来了一系列前所未有的挑战。特别是对于我国这样的发展中国家来说，人口老龄化问题更加复杂且迫切。

在我国，人口老龄化的速度逐渐加快，家庭结构和劳动力市场也面临着变化和挑战。随着"四二一"家庭结构（即每个劳动力要同时承担抚养父母和子女的责任）的加剧，传统的家庭养老模式正面临着巨大的挑战。因此，建立一个健全且可持续的社会养老保险制度变得尤为重要。然而，我国的养老保险制度目前仍然面临着诸多问题，其中城乡之间的差异和不平衡是制度设计的一大难题。城市和农村的养老保险体系在制度框架、保障标准等方面存在巨大差异，造成了社会保障的不公平现象，也限制了制度的整体效能。因此，为了应对人口老龄化带来的挑战，我国迫切需要一个统筹城乡社会养老保险制度的设计与实施方案，以确保全体老年人的合理养老待遇，保障社会的稳定和可持续发展。

在这一背景下，本书将深入探讨我国统筹城乡社会养老保险制度的设计与实施，以期为政策制定者、学者和社会各界提供有益的参考和建议。通过对国内外经验的借鉴，结合我国实际情况，我们将分析问题、提出解决方案，并探讨在实际推行过程中可能遇到的挑战和应对策略。通过这一努力，我们希望能够为构建一个适应人口老龄化时代需求的养老保障体系贡献一份微薄的力量。

编者
2023 年 8 月

目录／CONTENTS

第一章 导论

第一节 研究背景和目的

一、研究背景

随着全球范围内人口结构的急剧变化，人口老龄化已成为21世纪社会面临的重要挑战之一。尤其在发展中国家，老龄化的趋势更加迅速和明显。我国作为世界上人口最多的国家之一，也在经历着持续加剧的人口老龄化现象，这给社会养老保障体系带来了巨大的压力和挑战。

（一）人口老龄化的趋势

人口老龄化是指65岁及以上的老年人口占总人口比例逐步提高的现象。随着生育率的下降和医疗技术的进步，人们的寿命得以延长，导致老年人口比例快速增加。我国人口结构的变化表现为老年人口增多，劳动力人口相对减少，从而引发了养老和社会保障的深刻问题。

（二）养老问题的尖锐性

人口老龄化导致养老问题日益尖锐。传统的家庭养老模式逐渐不再适应现代社会的发展，随着家庭结构的变化和社会动态的影响，越来越多的老年人面临着缺乏经济保障、社会支持和健康照顾等问题。

（三）社会保障体系的挑战

长期以来，我国的社会保障体系主要集中在城市地区，农村地区的社会保障水平相对较低。随着城市化进程的推进，农村劳动力逐渐外出务工，导致农村地区老年人口的养老问题日益突出。城乡之间的社会保障差异成为制约社会和谐的因素之一。

（四）国际经验的启示

在国际上，许多国家已经积累了丰富的老龄化应对经验。一些北欧国家通过建立高效率、公平性的养老保险制度，有效缓解了老龄化带来的压力。这些国家的经验对于我国国在养老保障领域的发展具有积极的启示作用。

人口老龄化背景下，我国社会面临着老年人口的快速增加、养老问题的加剧以及社会保障体系的挑战。因此，深入研究在这一背景下统筹城乡社会养老保险制度的设计与实施问题，具有重要的现实意义和深远的影响，可以为政策制定提供科学依据，为构建更加健全的社会保障体系贡献力量。

二、研究目的

本研究旨在深入探讨我国在人口老龄化背景下统筹城乡社会养老保险制度的设计与实施问题，具体目的如下。

（一）分析制度缺陷与改进方向

通过对我国城乡社会养老保险制度的现状进行深入研究，分析现有制度中存在的缺陷和不足之处，寻找改进的方向和途径。

（二）探讨城乡养老差异与统筹策略

研究城市和农村养老保险制度的差异，探讨如何实现城乡社会养老保险制度的统筹，减轻城乡之间的社会保障差异。

（三）评估制度效能与社会影响

评估我国已实施的城乡社会养老保险制度的效能，分析其在老龄化社会中的社会影响，为未来制度完善提供经验和依据。

（四）借鉴国际经验与创新路径

借鉴国际先进国家的养老保险制度经验，探讨其在我国的可行性，为我国制定更具创新性和实用性的制度设计提供参考。

第二节　研究意义和价值

一、社会养老保险在老龄化社会中的重要性

社会养老保险作为应对人口老龄化挑战的重要手段，在现代社会中具有不可替代的地位。随着人口结构的变化和老年人口的增加，社会养老保险制度的建设和完善成为维护老年人权益、促进社会稳定的关键一环。

（一）保障老年人的生活

社会养老保险为老年人提供了经济上的支持，有效缓解了老年人的生活压力，提升了其生活质量。通过养老金，老年人可以更好地满足基本生活需求，享受更充实的晚年生活。另外，养老金作为老年人的经济来源之一，可以减轻其依赖家庭抚养的压力，帮助老年人维持基本的生活水平。

（二）促进社会稳定与和谐

养老保险制度的建立可以减轻家庭负担，防止因养老问题引发的家庭矛盾和社会不稳

定。同时，老年人在经济保障下更加积极参与社会活动，保持社会联系，促进社会的和谐发展。在传统家庭中，养老问题常常成为家庭的主要矛盾源。社会养老保险的实施减轻了家庭的养老压力，有助于家庭关系的和谐。

二、经济、社会和人类福祉方面的价值

（一）保障经济可持续发展

社会养老保险制度的建设有助于维护经济的可持续发展。老年人通过养老金的获得，可以维持一定的消费水平，促进消费市场的稳定和增长。

1. 老年人消费市场的支撑作用

老年人群体是一个潜在的巨大消费市场，通过提供经济支持，社会养老保险可以促进老年人消费需求的释放，推动产业升级和发展。

2. 养老金支出对消费市场的影响

养老金作为老年人的收入来源，对于刺激某些消费领域具有显著影响，这在一定程度上促进了相关产业的发展。

（二）提升社会公平与人类福祉

建立社会养老保险制度体现了社会的公平理念，使老年人能够共享社会进步的果实，有助于提升整个社会的福祉。

1. 老龄化对社会公平的挑战

在老龄化社会，年轻人和老年人之间的资源分配问题成为社会关注的焦点。社会养老保险制度的建立有助于缓解这种资源分配的不平等。

2. 社会养老保险制度对资源再分配的作用

社会养老保险通过将一部分经济资源重新分配给老年人，实现了社会资源的更合理配置，提升了社会整体的公平性。

第三节　研究方法和结构

一、研究方法

（一）文献综述和分析

通过广泛查阅国内外相关文献，了解社会养老保险制度的理论基础、国际经验以及我国面临的问题。对已有研究成果进行综合分析，为研究提供理论基础和背景。

（二）案例研究和比较分析

选取典型国家和地区的城乡社会养老保险制度案例进行深入研究。通过对比分析不同制度模式的优缺点，借鉴国际经验，为我国制度设计提供参考。

（三）定性分析与政策评估

结合实际案例，进行定性分析，深入探讨我国城乡社会养老保险制度的设计与实施过程中的问题、挑战以及取得的成效，对已实施制度的政策效果进行评估。

二、研究结构

本书将按照以下结构展开，以全面地探讨我国在人口老龄化背景下统筹城乡社会养老保险制度的设计与实施问题，为构建覆盖全民、统筹城乡公平统一、安全规范可持续性的多层次的社会保障体系提供学术指导和实践支持。

绪论：在绪论部分，将介绍研究背景和意义，明确研究目的及涵盖内容，概述研究方法和结构。

社会养老保险制度的理论与实践：通过国际养老保险制度的比较与借鉴，深入分析我国城乡社会养老保险制度的现状，探讨养老保险制度设计与老龄化社会的关系。

统筹城乡社会养老保险制度的路径与策略：分析城乡养老保险制度差异，探讨统筹城乡社会养老保险的政策策略，介绍城乡养老保险制度统筹的实践案例。

案例研究与定性分析：通过已实施城乡社会养老保险制度的案例分析，深入探讨实施过程中的问题与挑战，对制度改革的政策效果进行评估。

总结与展望：对主要研究成果进行总结，展望制度创新与改革的未来发展方向，同时指出研究的局限性和未来的拓展方向。

第二章　人口老龄化与社会养老保险

第一节　人口老龄化

一、人口老龄化的定义和标志

（一）人口老龄化的定义

人口老龄化是一个多维度的概念，通常涉及以下方面的变化。

1. 年龄结构

人口老龄化是指相对于年轻人口而言，老年人口比重增大的现象。这一现象反映了社会的年龄结构发生了重大变化，主要涉及老年人口（通常定义为 60 岁及以上）与儿童和青少年人口之间的比例关系。

为了测量人口老龄化的程度，通常使用老年人口占总人口的比例来衡量。这一比例被称为老年人口比例。老年人口比例的上升意味着人口老龄化程度的增加。

人口老龄化的年龄结构方面受到多种因素的影响，包括生育率、死亡率、移民和医疗技术的发展。低生育率和高寿命是导致人口老龄化的主要因素之一。随着家庭规模减小和生育率下降，儿童和青少年人口相对减少，从而推动了老年人口比例的上升。

随着年龄结构的改变，社会将面临一系列经济和社会挑战。老年人口比例的上升可能导致劳动力市场的压力增加，养老金体系的不稳定性，以及对医疗保健和长期护理等服务的需求增加。

2. 平均年龄

平均年龄是指总人口的年龄平均值。人口老龄化通常伴随着老年人口比例的增加，这会导致总体平均年龄上升。

平均年龄通常通过将所有年龄段的人口年龄相加并除以总人口数来计算。随着老年人口比例的增加，平均年龄也会逐渐上升。

人口老龄化的平均年龄方面受到出生率、死亡率和移民等多种因素的影响。低出生率和高寿命是导致平均年龄上升的主要因素。

平均年龄的上升可能对劳动力市场、社会福利和医疗保健系统产生影响。较高的平均年龄可能意味着更多人需要养老金和医疗保健服务，从而增加了政府部门和社会的财政压力。

（二）人口老龄化的标志

1. 老龄化指数

老龄化指数是评估人口老龄化程度的重要指标。它代表了老年人口（通常定义为60岁及以上）与工作年龄人口之间的比例。当老龄化指数上升时，表明人口老龄化正在加剧。这一指数的增加反映了老年人口相对于年轻人口的增长，揭示了社会年龄结构的变化。

老龄化指数通常以百分比形式表示，例如，老年人口占总人口的比重。一般来说，老龄化指数大于20%被认为是人口老龄化的标志。这个标志性的阈值暗示着老年人口比例的显著增加，这可能对社会和政府部门产生深远的影响。老龄化指数的增长可能意味着养老金和医疗保健等资源需求的增加，需要政策制定者采取措施来满足这些需求。

2. 依赖比例

依赖比例是另一个重要的人口老龄化标志。它反映了老年人口和儿童人口与工作年龄人口的比例之和。具体而言，它包括老年依赖比例（老年人口与工作年龄人口的比例）和儿童依赖比例（儿童人口与工作年龄人口的比例）。

随着人口老龄化的加剧，老年依赖比例通常增加，而儿童依赖比例则可能减少。这反映了社会年龄结构的偏移，使得更多的人口处于需要社会支持的年龄段。增加的依赖比例可能对社会福利和养老制度构成负担，因为更多的人需要福利和社会服务。

二、人口结构变化的原因

（一）生育率下降

生育率是指特定时期内每千名女性的平均生育数量。生育率下降意味着人口中每位女性生育的孩子数量减少，这是人口结构变化的重要原因之一。

1. 影响因素

社会经济发展。较高的生活成本和就业压力可能导致夫妇推迟生育或选择较少的孩子。教育程度的提高和女性参与劳动力市场的增加也与生育率下降相关。

家庭规划和生育政策。政府部门的生育政策和家庭规划服务对生育率有显著影响。一些国家实施计划生育政策来控制人口增长，这可能导致生育率的急剧下降。

文化和价值观念。文化和宗教因素、家庭和性别观念也会影响生育率。一些社会鼓励多子女家庭，而另一些则推崇小家庭理念。

2. 社会经济影响

生育率下降可能导致以下社会经济影响：第一，老龄化问题。生育率下降意味着年轻人口相对减少，这可能加剧人口老龄化问题。社会需要提供更多的养老金和医疗保健资源。第二，劳动力市场。减少的劳动力市场可能导致劳动力稀缺，从而推高工资水平，但也可能降低经济增长潜力。第三，家庭结构。小家庭结构可能会导致更多核心家庭，而不是大家庭。这可能会影响家庭支持和社会互助体系。

（二）医疗进步

医疗进步是指医疗技术和健康保健的不断提升，包括疾病预防、诊断和治疗的改善。医疗进步可以显著延长人的寿命，同时改善生活质量。

1. 影响因素

科学研究和技术创新。新的药物、疫苗、手术技术和医疗设备的开发可以有效治疗疾病，提高生存率。

卫生保健体系。具备广泛覆盖和高质量卫生保健系统的国家通常能够更好地应对各种健康挑战，从而延长寿命。

教育和卫生教育。提高公众对健康和卫生的认识可以预防疾病，减少医疗需求。

2. 社会经济影响

医疗进步可能会对社会经济产生如下几方面的影响：第一，寿命延长。医疗进步通常与寿命的延长相关。长寿可能意味着更多的老年人口，从而引发人口老龄化问题。第二，医疗支出。更多的医疗进步通常伴随着更高的医疗支出，这可能对国家的卫生保健预算构成挑战。第三，劳动力市场。较长的寿命可能对劳动力市场产生影响，延长退休年龄可能成为一种趋势，以维持养老金体系的可持续性。

三、老龄化对经济、社会的影响

（一）经济影响

1. 劳动力市场压力

随着老年人口比例的上升，劳动力市场压力不断增加。这主要表现在以下几个方面：第一，劳动力供给减少。随着大量年轻劳动力进入退休年龄，劳动力供给逐渐减少，可能导致劳动力短缺。第二，就业机会减少。由于老年人口的增加，竞争更加激烈，年轻人可能面临更少的就业机会，尤其是在某些行业和职业中。第三，工资上涨。劳动力市场的供需关系可能导致工资水平上涨。虽然这对雇员来说可能是好消息，但它也可能增加企业的生产成本，影响其竞争力。

2. 养老金体系稳定性

老龄化对养老金体系构成了重要挑战。养老金体系稳定性方面的关键问题表现在几个方面：第一，养老金支出增加。随着越来越多的人退休，养老金支出不断增加，可能导致养老金体系的不稳定性、政府部门需要采取措施来确保养老金体系的可持续性。第二，资金来源问题。养老金的资金来源通常来自当前工作人口的缴费，但随着劳动力市场的压力增加，可能需要重新评估资金来源，以确保足够的养老金支出。第三，退休年龄和福利政策。随着老年人口的增加，政府部门可能需要重新考虑退休年龄和养老金福利政策，以适应新的人口结构。

3. 医疗和长期护理需求

人口老龄化伴随着医疗和长期护理需求的显著增加，对经济和社会产生以下影响：第一，卫生保健系统负担增加。老年人口更容易患慢性疾病和健康问题，导致卫生保健系统的负担增加，需要更多的医疗资源和专业护理。第二，社会服务需求上升。长期护理和社会服务的需求也随之上升，这对社会福利系统和家庭构成负担。第三，卫生保健基础设施加强。为满足老年人口的需求，需要加强卫生保健基础设施，提高护理质量，同时改进医疗技术以提供更好的老年病治疗。

4. 消费模式和市场变革

老年人口的消费模式也发生了变化，对市场产生深远影响。第一，医疗保健消费增加。老年人口通常更注重医疗保健支出，这将促使医疗保健行业的增长。第二，休闲旅游和文化娱乐需求。随着退休，老年人口可能更多地投入休闲旅游和文化娱乐，这将影响市场需求和商业模式的发展。

（二）社会影响

1. 家庭结构和社会支持

随着老龄化的加剧，家庭结构可能发生显著变化。第一，小家庭普遍化。由于人口老龄化，多代同堂家庭可能减少，小家庭结构变得更为普遍。这可能导致社会支持体系发生变化，因为家庭在提供照顾和支持方面的角色可能减弱。第二，社会孤立风险。随着老年人口的增加，社会孤立风险也可能上升。因此，社会需要提供社交和支持网络，以确保老年人口的社会融入和精神健康。

2. 教育和培训需求

老年人口的教育和培训需求在老龄化背景下也面临变化。第一，继续学习的需求。老年人口可能寻求继续学习和参与社会活动的机会。这可能包括普及数字技能、参与社区活动或追求兴趣爱好等。第二，适应就业市场。一些老年人可能希望继续从事工作或重新进入劳动力市场。他们需要培训和支持来适应不断变化的就业市场。

3. 社会保障和政策调整

随着老年人口比例的增加，政府部门需要进行社会保障政策的重新评估和调整。第一，退休年龄的调整。鉴于寿命的延长，政府部门可能需要考虑提高退休年龄，以确保社会保障体系的可持续性。第二，医疗保健政策的改进。随着老年人口的医疗需求增加，政府部门需要改进医疗保健政策，确保老年人获得高质量的医疗服务。第三，长期护理服务。长期护理服务的需求也上升，政府部门需要提供支持和资源，以满足老年人口对长期护理的需求。

4. 社会参与和文化影响

老年人口在社会和文化方面的参与对于社会具有重要意义。第一，丰富的经验传承。老年人口拥有丰富的经验和知识，可以为社会传承文化和价值观念。他们的参与对社会的发展和文化传承具有积极影响。第二，社会创造机会。社会需要创造机会，鼓励老年人积极参与社区、志愿活动和文化活动。这不仅促进了社会融合，还提高了老年人口的生活质量。

第二节　社会养老保险

一、社会养老保险的定义和目标

（一）社会养老保险的定义

社会养老保险是一种社会性质的制度，通过政府部门主导，由劳动者、雇主和政府部门等多方共同参与，旨在为劳动者在退休后提供经济支持和保障，以确保他们能够维持基本的生活水平，减轻老年人的经济压力，同时促进社会的稳定与和谐。社会养老保险的核心机制是通过缴纳保费和投资运营，为参保人员提供一定的养老金，以补充退休后的收入来源。

（二）社会养老保险的目标

随着年龄增长，老年人口通常面临生活费用的增加、医疗支出的上升等经济压力。社会养老保险的存在可以减轻老年人的经济负担，使他们能够更好地应对生活中的各种开支，享受晚年生活。

1.保障退休人员的基本生活水平

社会养老保险的首要目标是为退休人员提供基本的生活保障，以确保他们在退休后仍能维持相对稳定的生活水平。退休后，个体的收入通常会减少，而生活费用、医疗支出等开支仍需继续。社会养老保险通过提供养老金，弥补了个体退休后收入减少的缺陷，确保他们能够满足基本的生活需求，免于陷入贫困境地。

首先，老年人口的经济困境与需求。退休后，个体通常面临退休金较少、经济来源减少的情况。同时，随着年龄的增长，老年人口还可能面临医疗费用的增加、护理需求的上升等问题，导致其生活费用增加。在没有充分的经济支持的情况下，老年人可能陷入经济困境，无法满足基本的生活需求。

其次，养老金的重要性。社会养老保险通过向退休人员支付养老金，在一定程度上缓解了个体退休后收入减少的困境。养老金作为经济支持的重要来源，能够帮助退休人员维持基本的生活水平，保障其日常开支、食品、住房、医疗等基本需求。养老金的稳定性和可靠性对于退休人员的幸福感和生活质量至关重要。

最后，社会稳定与老年人权益保护。保障退休人员的基本生活水平不仅关乎个体的经济福祉，还涉及整个社会的稳定与和谐。老年人口是社会的重要组成部分，他们的生活质量直接关系到社会的稳定。如果大量退休人员因经济原因陷入困境，可能引发社会不满和不稳定因素。因此，通过社会养老保险提供经济支持，有助于维护老年人的权益，促进社会的稳定。

2. 缓解老年人口的经济压力

随着年龄的增长，老年人口往往面临着生活费用的增加、医疗支出的上升等经济压力。这些开支可能会超出他们退休后有限的收入，导致他们陷入经济困境。社会养老保险作为一项重要的社会保障制度，具有显著的作用，能够有效地缓解老年人口的经济压力，为他们提供稳定的经济支持，以确保他们能够过上相对安定的晚年生活。

首先，生活费用的增加。随着年龄的增长，老年人口常常面临生活费用的增加。这可能源于多方面因素，包括通货膨胀、物价上涨等。同时，老年人在生活中可能需要支付的费用也较多，例如食品、居住、交通、日常护理等。这些开支的增加可能超出他们退休金等有限的经济来源，从而使他们面临经济压力。

其次，医疗支出的上升。随着年龄的增长，老年人口往往需要更多的医疗保健服务，因为老年阶段通常伴随着慢性疾病的增加。医疗费用的上升可能对老年人口的经济状况造成严重影响。特别是对于那些需要长期护理和治疗的老年人来说，医疗支出可能占据相当大的比例，加重了他们的经济负担。

再次，社会养老保险的经济支持。社会养老保险通过向退休人员支付稳定的养老金，为他们提供了重要的经济支持。这些养老金可以弥补退休人员因退休而失去的收入来源，帮助他们应对生活费用的增加和医疗支出的上升。养老金的稳定性和持续性使得老年人口能够在经济方面更有安全感，减轻了他们的经济压力。

最后，提高老年生活质量。社会养老保险的经济支持有助于提高老年人口的生活质量。通过减轻经济负担，老年人能够更好地享受晚年生活，参与社会和文化活动，保持社交联系。这种提高生活质量的影响不仅体现在经济层面，还有助于老年人的心理健康和幸福感。

3. 促进社会稳定与和谐

老年人口是社会的重要组成部分，他们的幸福感和生活质量直接影响社会的稳定与和谐。缺乏充足的养老保障可能导致老年人口的不安和焦虑，甚至引发社会不稳定因素。通过提供养老金和基本生活保障，社会养老保险有助于降低老年人口的经济焦虑，维护社会的稳定与和谐。

首先，维护老年人尊严。社会养老保险的存在使得老年人能够在退休后维持相对稳定的生活水平，不至于因经济原因而陷入贫困。这种经济保障有助于维护老年人的尊严，使他们在晚年依然能够享受基本的生活品质。老年人能够获得足够的社会支持，使他们感受到自己在社会中的价值和地位，进而促进社会的和谐与稳定。

其次，减轻老年人的经济焦虑。缺乏充足的养老保障可能导致老年人口的经济焦虑，影响他们的心理健康和生活质量。社会养老保险通过提供稳定的养老金和基本生活保障，减轻了老年人在经济方面的负担，使他们能够更加安心地度过晚年。这种经济的安全感有助于缓解老年人的焦虑情绪，为社会的稳定营造良好的氛围。

再次，避免社会不稳定因素。在缺乏充足养老保障的情况下，大量的老年人可能陷入经济困境，从而引发社会的不满情绪。社会不稳定因素可能在这种情况下滋生，影响社会的和谐与稳定。而社会养老保险的存在可以避免这种情况的发生，为老年人提供了经济保障，降低了社会的不安定因素，维护了社会的稳定。

最后，跨代关系的促进。社会养老保险的实施不仅关乎老年人的个人利益，还涉及跨代关系的平衡。当老年人不再为自身生计担忧时，他们更有可能将更多的精力和时间用于与子女、孙辈的亲情交往，促进了家庭内部的和谐与联系。这种跨代关系的促进对于社会整体的和谐具有积极的影响。

4. 分担个体养老风险

个体在老年阶段可能面临诸如生活费用增加、医疗支出等风险，而这些风险可能会给个体和家庭带来沉重的负担。社会养老保险将这些风险从个体转移到整个社会，通过多方共同缴纳保费的方式，实现了养老风险的社会化分担。这有助于减轻个体的经济压力，提高老年人口的生活质量。

首先，社会化分担风险。社会养老保险的核心机制之一是风险的社会化分担。个体参与社会养老保险，通过缴纳保费的方式，将养老风险转移给整个社会。这种方式能够减轻个体面临的风险和压力，实现了风险的集体化管理。不同个体的风险会在保险制度中进行整合，从而降低了个体面临的风险波动。

其次，减轻个体经济压力。个体在老年阶段可能因生活费用增加、医疗支出上升等原因而面临经济压力。如果没有充足的养老保障，个体很难承受这些突发的经济负担。社会养老保险通过为参保个体提供稳定的养老金，能够在一定程度上减轻他们的经济压力，使他们能够更好地应付生活中的各种开支。

再次，促进经济稳定。老年人口作为社会的一部分，其经济状况直接关系到整个社会的稳定和经济活力。如果大量的老年人陷入贫困和经济困境，可能会导致社会的不稳定因素增加，进而影响经济的健康发展。社会养老保险的存在可以避免这种情况的发生，通过为老年人提供经济支持，维护了他们的生活水平，从而促进了社会的经济稳定。

最后，促进社会平等。社会养老保险的实施可以降低老年人口之间的经济差距，促进社会的平等。在没有养老保障的情况下，富裕的老年人可能能够更好地维持自己的生活水平，而贫困的老年人可能面临生活困境。社会养老保险通过为所有参保个体提供相对稳定的养老金，有助于弥平不同个体之间的经济差距，实现社会的公平和平等。

二、我国社会养老保险的发展演变过程

（一）起步阶段

我国社会养老保险的起步阶段可追溯至 20 世纪 80 年代末，这一时期正值我国改革开放的初期，社会经济体制逐步发生变革，为建立社会保障体系奠定了基础。在市场经济的推动下，我国开始探索建立社会养老保险制度，以适应不断变化的社会需求和人口结构。

社会养老保险起步阶段的关键特点包括以下几个方面：

第一，社会背景与改革动因。20 世纪 80 年代末，我国正处于从计划经济向社会主义市场经济转型的关键时期。改革开放的政策使得经济结构发生深刻变革，人们的生活方式和职业模式也在逐步改变。随着社会发展，特别是城市化进程的推进，人们对于社会保障的需求逐渐增加，其中养老保障成为突出问题。

第二，初步试点与城镇职工。养老保险制度的初步试点主要在企业内部进行，最早采取的是企业内部的养老金制度。随后，这一制度逐渐扩大到城镇职工，国有企业成为最早的参保单位。在这个阶段，养老金的支付主要依赖于企业的负担，即由企业根据员工的工龄和缴费年限支付养老金，形成了一种"企业负责，员工参与"的模式。

第三，有限规模与初步成效。尽管在起步阶段，我国的养老保险制度规模和覆盖范围还相对有限，但它标志着我国社会养老保障体系的初步建立。这一制度的推出为参保人员在退休后提供了一定的经济支持，减轻了个体和家庭面临的养老风险。同时，它也为未来养老保险制度的发展打下了基础，为后续的体制改革创造了条件。

（二）体制改革

随着我国经济体制改革的不断深入，养老保险制度也经历了多次重要的体制改革，旨在更好地适应社会和经济的变化，提高养老保险的社会化管理水平，加强保障的稳定性和可持续性。

社会养老保险体制改革阶段的关键特点包括：

第一，城镇职工基本养老保险的推出。1997 年，我国推出了城镇职工基本养老保险制度，这一改革标志着我国养老保险制度从企业负担向社会统筹的转变。在这一制度下，养老保险的缴费主体从企业转变为职工本人和雇主共同缴纳，同时引入了国家统一的养老金支付标准。这一改革的目标是加强养老保险的社会化管理，减轻企业负担，确保养老金的稳定发放，为退休人员提供更可靠的保障。

第二，城乡居民基本养老保险的推行。为了解决农村地区养老保险覆盖不足的问题，我国相继推出了城乡居民基本养老保险制度。这一制度的推行使得农村居民也能够享受到养老保险的保障，填补了城乡养老保障的差距。通过这一改革，我国的养老保险体系开始向覆盖面更广的方向发展，实现了城乡一体化的保障目标。

第三，企业职工基本养老保险制度的整合。为了进一步优化养老保险制度，我国进行了企业职工基本养老保险制度的整合。这一改革将原有的城镇职工养老保险、机关事业单位养老保险和参照职工制度的城乡居民养老保险纳入统一的框架下管理，使制度更加简化和统一。这有助于提高养老保险的管理效率和保障水平。

（三）养老金水平提升和待遇调整阶段

在社会养老保险的发展演变过程中，养老金水平提升和待遇调整一直是政府部门关注的焦点。这一阶段包括了以下特点：

第一，养老金调整机制的建立。我国建立了养老金动态调整机制，使养老金水平能够与经济发展和物价水平相匹配。政府部门定期进行养老金调整，确保养老金的实际价值不会因通货膨胀而下降，从而维护了退休人员的购买力。这一机制的建立使得养老金能够更好地适应社会经济的变化，保障老年人的基本生活。

第二，特殊群体的养老保障政策。政府部门也关注特殊群体的养老保障需求，针对农村居民和新型职业群体等，逐步加强了相关的养老保障政策。针对农村居民，我国推行了农村居民基本养老保险制度，通过政府部门补贴等方式，提高了农村老年人的养老金待遇。对于新型职业群体，政府部门也在探索适合他们特点的养老保障模式，以满足其养老需求。

第三，养老金多元化投资。随着养老金规模的不断增加，政府部门也开始探索养老金的多元化投资方式，以提高养老金的收益率。通过将部分养老金资金投资于股票、债券、房地产等领域，可以实现资金的保值增值，进一步提高养老金的支付水平。

第四，养老保障意识的提升。政府部门还通过宣传和教育，提高公众对养老保障的认识和意识，鼓励个人积极参与养老金缴纳。逐步建立起个人养老储蓄制度，使个体能够在退休后获得更多的养老金支持，提高其退休后的生活质量。

三、养老保险的未来展望

随着人口老龄化的不断加剧，养老保险体系需要进一步完善，以应对未来老龄化社会的需求和变化。

（一）确保养老金可持续性

随着人口老龄化，养老金支出将逐渐增加，对养老金的筹资提出了更高要求。政府部门需要寻求有效的筹资渠道，确保养老金体系的可持续性。这可能包括继续扩大参保人群、增加缴费基数、提高缴费比例等措施。同时，也需要建立更加灵活的养老金调整机制，以应对未来通货膨胀和经济波动对养老金的影响。

（二）提升社会统筹的能力

在养老保险制度中，城乡和地区之间的差异仍然存在，社会统筹能力的提升仍然是未来的重要目标。政府部门可以进一步推动养老保险制度的统一和整合，确保不同地区的老年人能够获得相对公平的养老保障。此外，也需要加强对弱势群体的关注，确保他们能够平等地享受养老保障。

（三）优化养老保险投资运营

养老基金的投资运营将成为未来的重要方向。政府部门可以探索更多的投资渠道，将养老基金进行多元化投资，提高其收益率。这不仅可以增加养老基金的规模，还可以为养老保障提供更多的资金来源。当然，在投资运营中也需要保持适度的风险管理，确保养老基金的安全性。

（四）多元化的养老保障方式

未来，养老保险制度可能会朝着更加多元化的方向发展。政府部门可以鼓励个人养老储蓄，发展企业年金等多样化的养老保障方式。这将有助于个体在退休后获得更全面的养老保障，提高整体养老保障体系的稳定性和可靠性。

（五）技术与创新的应用

随着科技的发展，未来养老保险制度也将借助技术手段实现更高效、便捷的管理。数字化和人工智能等技术可以用于养老保险信息管理、风险评估等方面，提高制度的运行效率和服务质量。

第三节　人口老龄化对社会养老保险制度的挑战

一、养老金支付压力

养老金支付压力的增加主要表现在以下几个方面。

（一）退休人口激增

随着人口老龄化的加剧，退休人口数量呈现出显著的增长趋势，这对养老保险制度造成了巨大的压力。退休人口激增所带来的养老金支付压力主要体现在以下几个方面：

1. 支付总额增加

随着人口老龄化趋势的加深，退休人口数量呈现出显著增长的趋势，这对养老保险制度带来了严峻的挑战。这种退休人口激增直接导致养老金支付总额的增加，进而在财务和制度层面引发了一系列问题。

第一，财务压力的加大。随着更多的人进入退休阶段，养老保险制度需要支付给他们相应的养老金。这将导致养老金的支付总额急剧增加，从而对养老保险基金造成巨大的财务压力。如果养老基金的资金储备不足以应对这种增加的支付压力，就可能面临支付困难甚至资金短缺的风险，进而影响到退休人员的基本生活保障。

第二，可持续性的挑战。退休人口激增意味着养老金的支付数量和总额都会急剧增加。这将使得养老保险基金面临着更大的支付负担，可能超出原本的财务预期。如果不采取措施来应对这种支付压力，养老基金的可持续性可能受到威胁，从而影响到未来退休人员的养老金待遇。

第三，财政稳定性的挑战。养老金的支付总额增加可能对国家财政稳定性产生影响。如果养老金支出大幅增加，政府部门可能需要投入更多的财政资源来支持养老保险制度，从而可能影响到其他领域的财政支出。这在长期内可能会引发财政平衡的问题，需要政府部门在养老保障与财政稳定之间做出权衡和决策。

2. 缴费人数减少

随着人口老龄化趋势的加深，劳动年龄人口相对减少的现象正在引发养老保险制度的重大挑战。这一趋势可能导致养老金缴费人数的减少，进而影响到养老基金的收入和可持续性。

第一，缴费基数的减少。劳动年龄人口的减少可能导致养老基金的缴费基数收缩。随着更少的人缴纳养老保险费用，养老基金的缴费收入可能会减少，从而降低了基金的筹资能力。这将直接影响到养老金支付的资金来源，可能导致养老基金难以满足退休人员的养老金需求。

第二，养老金支付压力的增加。劳动年龄人口的相对减少将使养老金的缴费基础受到削弱，但同时退休人口却在持续增加。这将导致养老金支付压力的增加，因为退休人员的养老金需求没有减少。缴费人数减少将导致更少的人分担支付压力，从而加大了每个参保人员的养老金负担。

第三，养老金制度可持续性的威胁。劳动年龄人口的相对减少可能对养老保险制度的可持续性造成威胁。养老金制度的运行需要有足够的缴费收入来支持退休人员的养老金支付。如果缴费人数减少，基金的收入减少可能会导致基金的可持续性受到威胁，从而影响到未来退休人员的养老金待遇。

3. 基金投资回报不足

养老基金作为支持养老金支付的重要资金来源，其投资回报的不足可能严重威胁养老保险制度的可持续性。

第一，退休人口增加与投资需求。随着退休人口的激增，养老基金需要支付更多的养老金。然而，基金的可持续性不仅仅取决于缴费收入，同样重要的是投资回报。随着养老金支付压力的增加，基金需要更高的投资回报来维持其稳定运行。

第二，投资回报的波动性。投资市场的波动性可能导致基金投资回报的不稳定。市场的不确定性和风险可能影响到基金的投资组合，从而影响基金的回报。如果市场表现不佳，基金的投资回报可能不足以满足养老金支付的需求。

第三，长期养老金支付与投资匹配。养老金支付是一个长期过程，需要与投资策略相匹配。然而，市场的短期波动可能导致基金回报不稳定，难以适应长期养老金支付的需求。长期的养老金支付需求与短期的市场波动之间的不匹配可能影响到基金的可持续性。

第四，投资风险管理。基金投资涉及一定的风险，包括市场风险、利率风险、流动性风险等。如果基金的投资组合没有有效管理这些风险，投资回报可能会受到影响。投资风险的不当管理可能导致基金的回报不足，进而影响基金的可持续性。

第五，利率环境变化。利率环境的变化可能对基金的投资回报产生影响。例如，低利率环境可能限制了固定收益类投资的回报，从而影响基金的整体回报水平。如果利率持续低迷，基金的投资回报可能不足以应对养老金支付的增加。

（二）养老金领取期限延长

随着医疗技术的不断进步和健康意识的提高，老年人的预期寿命逐渐延长，这意味着退休人员在退休后领取养老金的时间也相应增加。这一现象加大了养老金支付的负担，对养老保险制度构成了挑战。

1. 养老金支出时间延长

退休人员的寿命延长意味着他们将会在更长的时间内领取养老金。这导致了每名退休人员养老金领取的总额增加，进一步加大了养老金支付的负担。

第一，养老金支出总额增加。随着退休人员寿命的延长，他们将在更长的时间内领取养老金。尽管每月的养老金支付金额可能相对稳定，但总体支出会因为领取时间的延长而增加。这意味着养老保险制度需要支付更多的养老金总额，从而增加了财务负担。

第二，需要投资回报更高。随着退休人员养老金支出时间的延长，养老基金需要更高的投资回报来维持支付的可持续性。如果基金的投资回报不足以满足延长支出时间带来的支付压力，可能会导致基金的不足甚至耗尽，威胁养老金的稳定支付。

第三，社会不平等问题。养老金支出时间延长可能引发社会不平等问题。那些享受较长寿命的退休人员将会在更长的时间内领取养老金，而那些寿命较短的人可能无法充分享受到相同的养老金福利。这可能会引发社会公平性的争议和问题。

2. 养老金支付压力持续增加

领取期限的延长导致了养老金支付的持续增加，制度需要有足够的资金储备来支撑这种情况。如果不及时调整养老金的支付标准和计算方式，可能导致资金短缺，影响养老金的稳定支付。

第一，领取期限的延长。随着医疗技术的进步和生活水平的提高，退休人员的预期寿命显著增加。这意味着退休人员将在更长的时间内领取养老金，从而导致养老金支付的总额持续增加。退休人员需要在退休后的众多年月内依赖养老金来维持基本生活，因此支出总额的增加对制度构成了巨大的挑战。

第二，资金储备的需求。养老金支付的持续增加需要有足够的资金储备来支撑。随着退休人员寿命的延长，养老基金需要储备更多的资金以确保支付的持续性。如果资金储备不足，可能导致养老金支付不足以覆盖退休人员的生活需求，影响退休人员的生活质量。

第三，支付标准和计算方式的调整。为了应对养老金支付压力的持续增加，可能需要考虑调整养老金的支付标准和计算方式。这可能涉及退休人员养老金的计算基准、领取年龄、缴费比例等方面的调整。然而，这些调整需要在平衡支付能力和退休人员利益之间进行权衡，避免引发社会不满。

3. 投资收益不稳定

养老基金通常会通过投资来增加资金回报，但市场波动可能导致投资收益的不稳定。如果投资回报不足以满足养老金支付的需求，就会加大基金的负担。

第一，市场风险和波动性。金融市场受到多种因素的影响，包括经济环境、政治动荡、国际关系等，这些因素可能导致市场的波动性增加。市场波动性会对养老基金的投资产生影响，可能导致投资收益的不稳定。特别是在经济衰退或金融危机时期，养老基金的投资回报可能大幅下降，从而影响到基金的可持续性。

第二，投资策略的挑战。选择合适的投资策略对于稳定养老基金的投资收益至关重要。然而，市场的不确定性和复杂性使得投资策略的确定变得复杂。如果投资策略不当，可能导致投资收益低于预期，影响基金的稳定性。同时，一些投资风险如股市风险、汇率风险等也会影响投资回报的稳定性。

第三，资产配置的挑战。养老基金通常会采取多元化的资产配置策略，以降低风险。然而，不同资产类别之间的关联性和风险特征可能在特定市场环境下失效，导致投资组合的表现不佳。如何进行有效的资产配置，以实现相对稳定的投资回报，是养老基金面临的重要挑战。

二、参保人口结构变化

人口老龄化对养老保险制度的第二个挑战是参保人口结构的变化。随着老年人口比例增加，劳动年龄人口比例下降，养老保险参保人口的结构将发生显著变化，这将对制度的可持续性产生深远影响。

养老保险参保人口结构变化的影响包括以下几个方面。

（一）劳动年龄人口减少

随着人口老龄化趋势的不断加剧，劳动年龄人口（通常定义为 15 至 64 岁的人口）的比例逐渐减少，这对社会养老保险制度带来了以下影响：

1. 养老保险基金压力增加

首先，支付压力上升。随着劳动年龄人口减少，社会养老保险制度的参保人数相对减少。这导致养老基金面临着更大的支付压力，因为老年人口比例上升，需要支付给退休人员的养老金不断增加。

其次，资金需求增加。养老金是从当前劳动年龄人口的缴费中支付给退休人员的。当劳动年龄人口减少时，为了维持养老金的支付水平，需要更高比例的缴费，或者政府部门需要提供额外的财政支持，以满足养老金的资金需求。

2. 资金缺口扩大

首先，财政压力增加。劳动年龄人口减少，缴费人数相对减少，可能导致养老保险基金的资金缺口扩大。这会增加政府部门的财政负担，因为政府部门可能需要向养老基金提供额外的资金来弥补缺口，以确保及时支付养老金。

其次，长期可持续性问题。资金缺口的扩大可能对养老保险制度的长期可持续性构成威胁。政府部门需要采取措施来确保养老基金足够，以满足未来老年人口的需求，同时保障制度的可持续性。

3. 提高退休年龄

首先，应对人口老龄化。为缓解劳动年龄人口减少带来的支付压力，政府部门可能需要考虑逐步提高退休年龄。这将延迟人们领取养老金的时间，从而减轻养老金支付压力。

其次，促进继续就业。提高退休年龄可以鼓励更多人继续就业，延长他们的职业生涯。这有助于维持养老基金的可持续性，减少养老金支付压力。

（二）老年人口增加

与劳动年龄人口减少相对应，老年人口（通常定义为 65 岁及以上的人口）的比例不断增加，这对养老保险制度也带来了一系列影响：

1. 养老金需求增加

首先，养老金支出上升。随着老年人口的增加，他们对养老金的需求不断增加。社会养老保险制度需要支付给退休人员的养老金，而老年人口比例的上升意味着支付的养老金总额也在增加。

其次，医疗保健需求增加。老年人口通常需要更多的医疗保健服务，因为他们更容易面临健康问题。这导致养老保险制度需要提供更多的医疗保健资金，以满足老年人口的需求。

2. 养老金水平提高

首先，生活成本增加。随着老年人口的生活成本上升，政府部门可能需要提高养老金的水平，以适应他们的基本生活需求。这确保了老年人口的生活质量，但也增加了养老金支出的财政负担。

其次，医疗支出考虑。老年人口通常需要更多的医疗支出，包括药物、医疗设备和医疗服务。政府部门可能需要考虑提供更多的医疗保健福利，以确保老年人口获得必要的医疗保障。

3. 养老保险制度的长期可持续性

首先，基金管理改进。为确保养老保险制度的长期可持续性，政府部门可能需要改进基金管理，确保养老基金的资产得到有效投资和保值增值。

其次，增加财政支持。面对老年人口的增加，政府部门可能需要提供更多的财政支持，以满足养老金支付和医疗保健需求。这需要财政政策的调整和资源分配的重新规划。

最后，多层次养老保障。为满足老年人口多样化的需求，政府部门可以推动多层次的养老保障体系，包括社会养老保险、企业养老金计划和个人储蓄养老金等，以提高制度的稳定性和可持续性。

三、可持续性与公平性

社会养老保险制度需要在保持长期可持续性的同时，确保制度的公平性。人口老龄化给制度的可持续性和公平性之间的平衡带来了新的考验。长期可持续性与公平性的平衡问题表现在以下几个方面。

（一）养老金支付增加与制度稳定性

随着人口老龄化趋势的加剧，养老金支付压力显著增加，这对养老保险制度的长期可持续性构成了严峻挑战。

1. 养老金支付增加的影响

随着人口老龄化现象的逐渐加剧，养老金支付的压力显著增加，可能对养老保险制度的稳定性造成挑战。老年人口的增加以及养老金水平的提升是这一挑战的主要原因。

第一，人口老龄化引发的挑战。人口老龄化使得退休人口的比例逐步提升，而养老金的支付需要依赖于当前劳动人口的缴费。因此，养老金支付的总额将会增加，可能导致制度财务压力加大。这可能导致政府部门需要从其他财政来源中补充养老金，增加了财政负担。

第二，养老金水平提升的影响。随着经济的发展和人们生活水平的提高，养老金的支付水平也需要相应提升，以确保退休人员的基本生活需求得以满足。然而，随之而来的是养老金支付总额的增加，这对于财政预算的平衡带来了挑战。

2. 资金来源多样性的考虑

养老金的支付主要依赖于职工和雇主的缴费，以及投资收益。然而，人口老龄化可能对这些资金来源产生影响，需要考虑如何确保养老基金的稳定筹资，以维持制度的可持续性。

第一，缴费人数减少的挑战。随着人口老龄化，劳动年龄人口减少，可能导致缴费人数的减少。这会影响到缴费收入的增长速度，从而可能影响养老金的支付能力。政府部门需要思考如何调整缴费比例或者其他筹资方式，以弥补缴费人数减少带来的影响。

第二，投资风险的谨慎评估。养老基金的投资收益对于维持制度的可持续性非常重要。然而，随着人口老龄化，投资风险可能增加，需要谨慎评估投资组合，以确保养老基金的稳定增长，为养老金支付提供充足的资金。

3. 制度调整的合理性

第一，权益平衡的难题。养老金制度的调整可能影响到退休人员的权益，特别是对于已经退休或即将退休的人员。政府部门需要在调整制度时，采取渐进的方式，避免给退休人员造成过大的冲击，同时确保制度的可持续性。

第二，社会稳定的考虑。制度调整可能引发社会的不满和抗议，特别是对于退休人员来说，他们可能对养老金的支付有着固定的期待。政府部门在进行调整时需要进行充分的社会沟通，以维护社会的稳定。

（二）参保人口多样性与公平性

养老保险制度需要平衡不同参保人口的特点，以确保制度的公平性。以下几个方面进一步分析了参保人口多样性与公平性之间的挑战：

1. 地区差异带来的挑战

地区之间的经济发展水平和生活成本存在显著差异，这也影响了养老金的支付水平。这种差异性可能导致一些地区的退休人员在享受养老金时面临不公平的情况。

第一，经济差异对养老金支付的影响。经济相对较发达的地区往往具有更高的生活成本和养老金支付水平。然而，相对落后的地区可能无法提供同等水平的养老金，从而导致退休人员之间的养老金差距加大。

第二，维护公平性的挑战。在确保不同地区参保人群养老金水平的同时，维护制度的公平性是一个挑战。政府部门需要寻求平衡，可能需要考虑通过不同的调整机制来适应地区差异，从而保障不同地区退休人员的基本生活水平。

2. 行业和职业差异带来的问题

不同行业和职业的参保人群面临的养老风险和需求各异，这对于制度的公平性提出了挑战。一些行业可能存在高风险，例如危险性较大的职业，而另一些行业则相对稳定。

第一，行业风险对养老金的影响。高风险的行业可能需要更多的养老金支付，以应对潜在的养老风险。然而，如果不同行业的参保人群在养老金水平上存在差异，可能会引发公平性问题。

第二，平衡不同职业需求的难题。如何在满足不同行业和职业需求的同时，避免产生不公平现象，是一个需要认真考虑的问题。政府部门可能需要根据行业风险和特点，制定不同的养老金标准，以保证制度的公平性。

3. 养老金水平的平衡

确定养老金水平是一个复杂的问题，涉及退休人员的生活需求和社会财务的可承受能力。如何在满足不同参保人群的需求的同时，保持养老金水平的平衡，是一个需要仔细权衡的难题。

第一，高风险群体的需求。一些行业和职业可能存在较高的养老风险，他们可能需要更高水平的养老金来应对可能的医疗支出等风险。

第二，公平性的考量。在满足高风险群体需求的同时，不应忽视其他相对稳定行业的退休人员。如何在养老金水平上实现平衡，确保公平性，需要深入研究和政策调整。

第三章　我国城乡社会养老保险制度的发展历程

第一节　城乡社会养老保险制度的起源与发展

一、城乡社会养老保险制度的发展历程

（一）城市养老保险制度的发展历程

1.早期互助组织的起步阶段

城市养老保险制度的起源可以追溯到 20 世纪初。在那个时期，工商业职工普遍面临退休后的生活保障问题，于是自发地组成了互助组织，以共同应对风险。这些互助组织通过成员的共同缴费，为退休人员提供了一定程度的经济支持和社会保障。虽然在当时的社会背景下，这种互助方式在一定程度上减轻了退休人员的经济压力，但其覆盖范围较窄，难以应对规模不断扩大的城市劳动力养老需求。

2.社会主义公有制体制下的发展阶段

随着我国社会主义的建立，特别是 20 世纪 50 年代末，国家开始重视工人阶级的权益和社会保障体系的建设。1951 年，我国成立了第一个城市职工养老保险基金，标志着城市养老保险制度的正式建立。这一制度通过雇主和职工的共同缴费，为职工在退休后提供一定的养老金待遇。随着工业化的推进，城市养老保险制度逐步得到加强和完善，政府部门通过立法和政策措施确保养老金的稳定发放。

3.制度逐步完善阶段

进入改革开放和社会主义现代化建设新时期，城市养老保险制度面临新的机遇和挑战。经济体制改革导致市场经济的引入，城市劳动力市场也发生了变革，这对养老保险制度的发展提出了新的要求。为适应新的社会环境，政府部门开始对城市养老保险制度进行调整和改革。在这一过程中，涉及缴费制度的变革，养老金计算方法的调整以及参保范围的扩大等。政府部门的目标是在保障退休人员基本生活的同时，促进就业和经济发展。

（二）农村养老保险制度的发展历程

1.起步阶段：试点推行"农村五保"制度

首先，试点推行"农村五保"制度的背景。为了解决农村老年人面临的生存问题，我国政府部门于 1988 年开始试点推行"农村五保"制度。这一制度旨在为特定群体的农村

老年人提供基本的生活保障，涵盖了无子女、无劳动能力、无生活来源、无劳动力和孤寡老人。试点地区主要集中在一些经济相对薄弱的农村地区，试点范围相对狭窄，但这标志着我国政府部门开始重视农村养老问题，为未来养老保障体系的建立和发展奠定了基础。

其次，"农村五保"制度的目标与特点。"农村五保"制度的目标是为特定的无劳动能力的老年人提供基本的生活保障，以保障他们的基本生活需求。这一制度的特点包括：第一，针对特定群体。"农村五保"制度主要针对特定的无劳动能力老年人，涵盖了无子女、无劳动能力、无生活来源、无劳动力和孤寡老人等特定群体。这些人群通常面临较大的生活困境，需要社会保障体系的支持。第二，基本生活保障。该制度旨在为老年人提供基本的生活保障，包括生活补贴、医疗救助等。这有助于缓解贫困农村老年人的生活压力，提高他们的生活质量。第三，资金来源多元化。"农村五保"制度的资金来源多元，包括地方政府部门财政补贴、社会捐赠等。这种多元化的资金来源有助于保障制度的稳定性和可持续性。

2. 农村社会养老保险试点的推行

随着经济社会的发展，农村地区的社会问题日益凸显，其中养老问题成为突出的议题。农村老年人的养老问题受到家庭结构变化、劳动力外流等因素的影响，传统的赡养模式逐渐不再适应现实情况。为了解决这些问题，我国政府部门决定开展农村社会养老保险试点，以建立一种更为稳定和全面的养老保障体系。

1999 年，我国政府部门在少数地区启动了农村社会养老保险试点。试点范围涵盖了不同的地理、经济和社会条件，旨在寻找适合农村地区的养老保险模式。试点内容主要包括以下几个方面：第一，参保对象和标准的确定。试点阶段，政府部门需要确定哪些农村居民可以参与养老保险，以及参保的标准和条件。这涉及年龄、户籍、劳动能力等因素的考量，以确保养老保险的目标人群被充分覆盖。第二，缴费标准与机制的探索。在农村养老保险试点中，政府部门需要探索适合农村经济实际情况的缴费标准和机制。这涉及缴费金额、缴费比例以及缴费来源等问题，需要平衡参保人的承受能力和制度的可持续性。第三，养老金发放与管理。试点阶段，政府部门需要制定养老金的发放规则和管理办法。这包括养老金的计算方法、发放频率以及养老金的资金来源等方面，以确保参保人能够及时获得养老金，维护其基本生活。

3. 正式实施农村社会养老保险制度

2009 年，农村社会养老保险制度正式实施，标志着农村地区养老保险制度进入了一个新的阶段。该制度的实施将全面覆盖农村居民，包括退休职工、农村居民等，为他们提供基本的养老保障。与城市养老保险不同，农村养老保险制度的发展受到了农村经济状况、人口迁移等因素的影响，因此在政策设计和实施过程中需要更多的灵活性。

第一，全面覆盖农村居民的养老保障。农村社会养老保险制度的正式实施标志着政府部门对农村老年人养老问题的高度重视和承诺。该制度的目标是全面覆盖农村居民，包括退休职工、农村居民、留守老人等不同群体，为他们提供基本的养老保障。这一举措有助于缓解农村老年人面临的生活压力，提高他们的生活质量。

第二，农村养老保险制度的独特挑战与灵活性。与城市养老保险相比，农村养老保险制度面临着一些独特的挑战和考虑因素。首先，农村经济状况较为复杂，收入水平不一，社会经济发展水平参差不齐，因此养老保险制度需要考虑不同地区的实际情况，确保制度的公平性和可行性。其次，农村人口的流动性较大，许多年轻人前往城市工作，导致农村劳动力的流失。这使得养老保险的参保人口分布不均，有些地区的参保人数较少，可能影响制度的可持续性。因此，在制定政策时需要考虑如何吸引更多的农村居民参与养老保险，确保养老金的持续发放。最后，农村社会养老保险制度还需要兼顾留守老人等特殊群体的需求。这些人群往往面临较大的生活困境，可能需要更多的关怀和支持。因此，在制定制度政策时，需要特别关注这些特殊情况，确保他们能够获得充分的养老保障。

第三，灵活性的政策设计与实施。为了应对上述挑战，农村养老保险制度的政策设计和实施需要更多的灵活性。首先，政府部门需要根据不同地区的实际情况，灵活调整参保标准、缴费比例等政策要点，以确保制度在各个地区的适用性。其次，政府部门可以考虑引入多元化的资金来源，如政府部门财政补贴、社会捐赠、个人缴费等，以保障制度的资金供给稳定。同时，要建立健全的资金管理和监督机制，确保养老金的安全和合理使用。另外，政府部门还可以探索建立灵活的养老金发放机制，例如根据地区差异调整养老金的发放标准，确保养老金与当地的生活成本相匹配。

正式实施农村社会养老保险制度是我国农村社会保障体系建设的重要一步。这一举措有助于为农村居民提供基本的养老保障，提高其生活质量。然而，农村养老保险制度在政策设计和实施中面临着独特的挑战，需要更多的灵活性和针对性。通过不断地探索和完善，我国的农村养老保险制度将逐步趋于成熟，为农村老年人提供更为可靠的养老保障。

二、政策背景和推动因素

（一）城市养老保险制度

1. 政策背景

首先，经济体制改革的影响。改革开放以来，我国的经济体制逐步由计划经济向市场经济转型。这一改革在城镇化进程中起到了关键作用，促使了城市劳动力的流动和城镇化程度的提升。随着经济体制的改革，许多国有企业进行了改革和重组，传统的"铁饭碗"制度逐渐削弱，城市职工的就业和社会保障面临新的挑战。

其次，城镇化进程的加速。城镇化是我国近年来发展的一大特点，大量农村人口涌入城市，寻求更好的就业机会和生活条件。这一城镇化进程导致了城市劳动力流动性的增强，人们不再局限于原籍地工作，而是在不同城市间流动就业，从而对养老保障制度提出了新的需求和挑战。

2. 推动因素

首先，传统企业养老制度的减弱。改革开放初期，许多国有企业在国家计划经济体制下享有相对稳定的职工福利和养老保障。然而，随着市场竞争的加剧和国有企业改革的推进，这种传统的企业养老制度逐渐减弱甚至解体，导致了城市职工在养老保障方面的不确定性。

其次，养老问题的凸显。随着我国经济的不断发展和人口老龄化的加剧，城市职工的养老问题逐渐凸显。许多城市职工面临着退休后生活水平下降的困境，特别是那些没有建立充足个人储蓄和养老金的人群。养老问题的凸显使得政府部门不得不考虑建立稳定的养老保障体系，以满足城市职工的合理养老需求。

（二）农村养老保险制度

1. 政策背景

首先，农村改革的影响。我国的农村改革旨在提高农民的收入和社会保障水平，以推动农村经济的发展和社会进步。改革开放以来，农村地区逐渐实施家庭联产承包责任制，农民的土地权益得到保障，农村经济得到了一定程度的释放。然而，农村老年人的养老问题成为一个突出的社会问题，传统的赡养模式受到冲击，特别是因为许多年轻人外出务工，无法继续履行赡养义务。

其次，社会保障问题的凸显。农村地区长期以来面临着较低的收入水平和有限的社会保障措施。许多农村居民的养老问题成为社会关注的焦点，老年人的生活质量受到较大影响。随着人口老龄化趋势的加剧，农村养老问题逐渐凸显，需要寻找可持续的解决方案。

2. 推动因素

首先，人口老龄化的挑战。随着人口老龄化问题的逐渐加剧，农村地区的老年人口占比逐渐增加，老龄化问题成为一个重要的社会挑战。农村老年人面临着养老保障、医疗保障等多方面的需求，需要建立更为完善的社会保障体系来满足他们的基本生活需求。

其次，家庭结构的变化。随着城市化进程和劳动力外出务工的增加，农村家庭结构发生了明显变化。许多年轻人外出工作，无法在家乡陪伴父母，这导致农村老年人面临赡养困难。这种家庭结构的变化使得传统的家庭赡养模式面临崩溃，需要其他方式来保障老年人的基本生活。

最后，政府部门关注农村社会问题。随着社会进步和政府部门职能的转变，政府部门开始关注农村地区的社会问题，包括老年人的养老问题。政府部门意识到传统的家庭赡养模式在现代社会面临挑战，需要建立更加可持续和全面的社会保障体系来解决老年人的养老问题。

第二节　既有制度的特点与问题

一、城乡社会养老保险现有制度的特点和差异

（一）城市养老保险制度的特点

城市养老保险制度作为我国社会保障体系的重要组成部分，在全国范围内基本保持统一的制度体系。这一制度体系的特点在于其统一性、资金来源的共同缴费模式以及养老金发放机制的设置。

1. 统一的制度体系

首先，核心的一致性要素。尽管在具体实施中存在细微的地区性差异，但城市养老保险制度的核心要素基本保持一致，包括参保条件、缴费标准和养老金发放机制。这种一致性确保了在全国范围内城市职工能够享受相似的养老保障待遇。参保条件通常与年龄、工作单位等因素相关，而缴费标准往往根据职工的工资水平进行调整。养老金发放机制则基于个人的缴费历史、工作年限和工资等因素，体现了按劳分配的原则。

其次，公平性的考量。统一的制度体系在追求公平性的同时，也需要考虑到不同地区的经济状况和生活成本。城市之间存在着显著的经济差异，例如一线城市与三、四线城市之间的收入水平存在较大差距。因此，在维持制度的一致性的同时，政府部门也需要适度考虑在高成本地区提供更高的养老金待遇，以保障职工的基本生活水准。

2. 企业与个人共同缴费

首先，稳定性与可持续性的保障。企业作为雇主的缴费能力通常较强，可以为基金提供稳定的贡献，从而确保退休职工获得稳定的养老金待遇。而个人的缴费则体现了个人的主动参与和责任感，有助于增加基金的筹资来源，减轻政府部门财政压力，使制度能够长期运行。

其次，挑战与平衡。企业与个人共同缴费模式也面临一些挑战。首先，不同企业规模和经济状况差异巨大，部分小微企业可能难以承担较高的缴费责任，从而影响员工的养老保障。此外，个人的缴费能力受到个人收入水平的影响，一些低收入人群可能难以负担较高的缴费。为解决这些问题，政府部门需要考虑如何为企业提供适当的支持，以及为低收入人群提供相应的减免政策，以确保制度的公平性和可行性。

最后，制度的进一步优化。为了提升共同缴费模式的效率和公平性，政府部门可以探索更加精细化的差异化缴费机制。例如，可以根据企业的规模、行业、盈利能力等因素制定不同的缴费比例，以减轻小企业的负担。同时，可以考虑设置弹性的个人缴费比例，使得高收入人群可以适当缴纳更多的养老保险费用，从而减轻低收入人群的经济压力。

企业与个人共同缴费模式是城市养老保险制度的重要特点，有助于维护基金的稳定性

和可持续性。然而，为了克服不同利益方的缴费困难，政府部门需要在制度设计中平衡各方面的需求，并不断优化政策以提升制度的效率和公平性。这样才能确保城市职工在退休后能够获得稳定而有尊严的养老保障。

3. 养老金发放机制

第一，基于个人缴费历史、工资水平和缴费年限的计算。城市养老保险养老金的发放标准通常基于个人的缴费历史、工资水平和缴费年限等因素进行计算。这意味着个人在工作生涯中的缴费额度越高、工资水平越高，以及缴费年限越长，所获得的养老金待遇就越高。这种按劳分配的原则体现了个人的劳动贡献和缴费能力，也激励个人在工作期间积极缴纳养老保险费，为自己的退休生活提供保障。

第二，鼓励个人积极参与养老保险。养老金发放机制的设计不仅考虑了个人的缴费情况，还在一定程度上鼓励个人积极参与养老保险。通过将养老金与个人的缴费水平挂钩，制度鼓励年轻人早期参保并持续缴纳，以确保其在退休后能够获得较高的养老金待遇。这种机制在一定程度上提高了养老金基金的积累，为制度的可持续性提供了支持。

第三，社会经济状况和通货膨胀的影响。随着时间推移，由于物价上涨和通货膨胀等因素，养老金的实际购买力可能会下降，从而影响退休人员的生活水平。为了保障养老金的实际价值和稳定性，政府部门需要定期进行养老金的调整，以适应经济变化。

第四，可持续性的考虑。养老金发放机制还需要关注养老金基金的可持续性。随着人口老龄化趋势的加剧，养老金基金可能面临供不应求的情况。政府部门需要采取措施确保养老金基金的健康运行，如适时调整缴费标准、提高投资收益等，以确保养老金制度能够长期稳定地运行下去。

第五，平衡公平性和可行性。在养老金发放机制的设计中，政府部门需要平衡公平性和可行性。一方面，制度需要公平地对待不同个体，确保按劳分配的原则得以体现；另一方面，政府部门还需要考虑养老金制度的可行性，避免过度依赖财政支持，保持养老金基金的稳定性。

城市养老保险制度统一的制度体系、企业与个人共同缴费模式以及养老金发放机制的特点，共同构成了这一制度的核心内容。这些特点体现了政府部门对社会保障公平性、稳定性和可持续性的追求。然而，制度的实际运行也需要不断考虑经济变化、人口老龄化等因素的影响，以保障制度的有效性和适应性。因此，应当在保持制度统一性的同时，灵活调整制度细节，以更好地满足不同地区和个人的养老保障需求。

（二）农村养老保险制度的特点

农村养老保险制度作为我国社会保障体系中的重要组成部分，具有一些独特的特点。这些特点既与城市养老保险有所区别，也反映了农村地区的经济、社会和人口状况。

1. 分散的实施模式

农村养老保险制度采用了一种分散的实施模式，这一模式体现在地方分级实施和村级管理两个方面。这两个方面的特点对农村养老保险制度的运行和效果产生了深远的影响。

第一，地方分级实施。农村养老保险制度在不同地区和省份采用分级实施的模式。这意味着在不同地区之间存在着差异，涵盖了政策标准、缴费水平和待遇水平等多个方面。首先，政策标准差异。不同地区的政府部门可能根据当地的经济状况和社会需求制定不同的政策标准。例如，一些富裕地区可能会制定更高的养老金标准，以适应高昂的生活成本，而贫困地区的标准较低。其次，缴费水平不一。分级实施模式也影响了缴费水平的差异。一些地方可能对农民要求更高的缴费额，而其他地方则相对宽松。这可能导致参保农民的负担存在差异。最后，待遇水平不均。由于政策标准和缴费水平的差异，不同地区的养老金待遇也存在差异。一些农民可以享受较高水平的养老金，而其他农民的待遇较低，这可能影响制度的公平性。

第二，村级管理。农村养老保险通常由村级组织管理，这是分散实施模式的另一个方面。首先，地方管理责任。村级管理模式意味着地方政府部门需要负责养老保险制度的管理和运行。这一责任通常落在村级组织的肩上，这取决于地方政府部门的管理能力和意愿，进而导致制度的不稳定性。其次，管理效率不一。不同村庄的管理效率和能力存在差异。一些村庄可能能够高效地管理养老保险基金，确保及时的缴费和支付，而其他村庄可能存在管理不善的情况，进而会影响到参保农民的权益。最后，风险分散。村级管理可以分散风险，因为每个村庄都有自己的养老保险基金。这有助于避免某一地区或村庄的经济困难对整个制度的影响。

2. 资金来源

农村养老保险制度的资金主要来源于个人缴费和政府部门补贴，这两个方面的特点对农村养老保险制度的可持续性和覆盖率产生了深远的影响。

第一，个人缴费。农村养老保险制度要求农村居民自行承担一部分养老保险费用。这意味着参保农民需要定期缴纳一定金额的保费。这一特点体现了养老保险的个人责任，鼓励农民为自己的养老提前储备资金。对于一些低收入家庭来说，个人缴费可能是一项负担。特别是在一些贫困地区，农民可能难以支付养老保险费用，导致参保率不高。这使得政府部门需要采取措施来减轻这些家庭的负担，以确保他们能够参与养老保险制度。

第二，政府部门补贴。首先，为了提高养老保险的覆盖率，政府部门通常会提供一定的资金补贴。这些补贴可以鼓励更多的农村居民参保，尤其是那些负担较重的家庭。例如，一些地方政府部门可能会提供免费或部分补贴，以鼓励农民积极参与。其次，补贴差异。不同地区的政府部门补贴水平可能存在差异。一些地方政府部门可能提供更多的补贴，以满足当地的经济状况和社会需求。这种差异可能导致一些地区的参保农民享受更多的优惠，而其他地区的待遇相对较低。最后，保障制度的公平性。政府部门补贴有助于提高制度的公平性，确保低收入家庭也能够享受到养老保险的好处。政府部门需要确保补贴的合理性和公平性，以满足社会的公平要求。

3. 待遇相对较低

农村养老保险制度的待遇相对较低是一个显著特点，这一特点在养老金水平不高和待遇差异化两个方面表现明显。

第一，养老金水平不高。首先，农村养老保险制度通常面临有限的资金预算，因此养老金的发放标准相对较低。老年农民所能获得的养老金可能难以满足他们的基本生活需求，尤其是在物价上涨和医疗开支增加的情况下。其次，由于养老金水平不高，许多老年农民不得不依赖其他收入来源来弥补养老金的不足。这可能包括子女的支持、农田耕种，或者临时性的零工。这使得老年农民的养老经济体系更加复杂和多样化。

第二，差异化的待遇。首先，农村养老保险制度在不同地区存在明显的待遇差异。一些富裕地区可能提供相对较高的养老金，以适应高昂的生活成本，而一些贫困地区的待遇相对较低。这种地区差异可能导致老年农民的生活质量存在极大差异。其次，待遇差异化可能会影响老年农民的公平感受。那些获得较低养老金的农民可能感到不公平，因为他们的努力和贡献与其他地区的农民相比并没有得到应有的回报。这可能影响他们对养老保险制度的信任和参与度。最后，养老金待遇差异也反映了农村社会中的不平等现象。这可能加剧社会阶层差距，使一些老年农民陷入经济困境，而其他人则享受较高水平的待遇。

二、制度运行中出现的问题

（一）缺乏统筹

农村养老保险制度中缺乏统筹问题主要体现在分散管理和实施以及待遇不一致性两个方面。

1.分散管理和实施

第一，地区差异的影响。农村养老保险制度的分散管理和实施意味着不同地区和村庄会根据本地实际情况制定政策和管理养老基金。这导致了地区差异的存在，包括政策标准、缴费水平和待遇水平的不一致性。例如，一些发达地区可能制定了更高的养老金标准，而一些贫困地区的政策可能相对较低。

第二，实施能力的不平衡。由于地方政府部门在实施方面的能力和资源有限，一些地区可能更难有效地管理养老保险制度。这可能导致一些村庄无法按照政策要求及时收集缴费或发放养老金，影响了老年农民的权益。

以我国农村为例，不同省份和地区的农村养老保险政策存在明显差异。在一些富裕的沿海城市，养老金标准相对较高，而在一些贫困的农村地区，养老金水平较低。这导致了老年农民在不同地区之间的待遇不平衡。

2.待遇不一致性

第一，养老金差异。缺乏统筹管理使得不同地区和村庄的老年农民可以获得不同数额的养老金。这种差异可能会导致一些农民感到不满，认为他们的贡献与其他地区的农民相比没有得到应有的回报。

第二，公平感受损害。待遇不一致性可能影响老年农民的公平感受。那些获得较低养老金的农民可能感到不公平，这可能降低他们对制度的信任和满意度。

（二）资金不足

资金不足是农村养老保险制度运行中的一个严重问题，主要体现在个人缴费水平不足和养老金支出压力两个方面。

1. 缴费水平不足

第一，低收入农民。农村地区的农民通常属于低收入群体，因此个人缴费水平相对较低。这可能导致养老基金的总体收入不足以维持养老保险制度的正常运行。例如，一些贫困地区的农民可能难以支付养老保险费用，导致参保率不高。

第二，负担问题。个人缴费水平不足可能使农民感到负担过重，尤其是对于那些家庭经济状况较差的农民。这可能导致一些农民不愿意或无法及时缴纳养老保险费用。

2. 养老金支出压力

第一，老年人口增加。随着老年人口比例的增加，养老金支出不断增加。养老保险制度的资金来源有限，无法满足不断增长的养老金需求。这可能导致养老金支出压力的增加。

第二，财政负担。政府部门需要提供财政支持来弥补养老基金的不足。这可能导致政府部门财政负担的增加，尤其是在老年人口比例高的地区。政府部门可能需要重新分配预算以满足养老金支出的需求。

（三）待遇水平不均衡

待遇水平不均衡是农村养老保险制度运行中的一个突出问题，主要表现在地区差异和公平性问题两个方面。

1. 地区差异

首先，不同地区的政府部门在农村养老保险制度中提供的补贴金额和标准存在差异。一些富裕地区的政府部门可能提供更多的财政支持，以提高老年农民的养老金水平，而一些贫困地区的补贴可能相对较低。这导致了地区之间的待遇差异。其次，养老金标准在不同地区也存在明显差异。一些地区可能制定了较高的养老金标准，而其他地区的标准相对较低。这使得老年农民在不同地区之间的待遇水平存在差异。

2. 公平性问题

首先，待遇水平不均衡可能导致一些老年农民感到不公平。那些获得较低养老金的农民可能认为他们的贡献与其他地区的农民相比没有得到应有的回报，从而降低了他们的公平感受。其次，不公平的待遇可能影响老年农民对养老保险制度的信任和满意度。如果农民认为制度不公平，他们可能对政府部门和制度失去信心，这可能降低他们的积极参与程度。

（四）跨地区转移

跨地区转移是农村养老保险制度运行中的一个复杂问题，主要体现在居住地和户籍地不一致以及政策协调困难两个方面。

1. 居住地和户籍地不一致

一些老年农民在外出打工或迁居的过程中，其居住地和户籍地可能不一致。这种情况可能导致他们在享受养老保险待遇时遇到困难，因为不同地区的政策标准和实施方式不同。例如，老年农民可能在户籍地参加了养老保险，但在居住地无法享受相应的待遇。不同地区之间的政策协调可能存在困难，使老年农民在不同地区之间无法顺畅转移养老金和权益。这可能导致老年农民的待遇出现中断或滞后。

2. 政策协调困难

不同地区可能制定了不同的养老保险政策标准，包括缴费标准、养老金计算方法等。老年农民如果需要跨地区转移，可能需要面对不一致的政策标准，增加了复杂性和不确定性。老年农民在不同地区之间转移时，还可能面临信息不对称的问题，不清楚如何操作或享受待遇。政府部门需要提供更多的信息和指导，以帮助老年农民更好地理解跨地区转移的程序和规定。

第三节　改革与完善的需求和动力

一、面对人口老龄化的需求

（一）多层次养老保险体系建设

为应对人口老龄化，建设多层次的养老保险体系至关重要。

1. 基本养老保险制度

首先，应加强基本养老保险的可持续性。为了确保制度的长期运行，政府部门需要建立有效的基金管理和投资机制，确保养老基金的稳健增长。这可能包括将基金投资于各种资产类别，以分散风险和提高回报率。此外，还应对基金进行定期审计和监管，以确保资金的安全性和透明度。

其次，应提高基本养老保险的待遇水平。养老金的发放标准应该能够满足老年人的基本生活需求，包括食品、住房、医疗和其他日常开支。政府部门可以通过定期调整养老金水平，以适应通货膨胀和生活成本的变化，确保老年人能够享受到合理的养老生活。

再次，应扩大基本养老保险的覆盖面。目前，一些农村地区和特定群体的参保率相对较低，需要采取措施鼓励更多人参与。这可能包括提供适当的政府部门补贴，减轻个人和家庭的负担，以及改善参保手续的便利性。同时，还应增强居民的养老保险意识，加强宣传和教育工作，以促进更多人参与基本养老保险。

最后，应建立健全的管理和监管体系，确保基本养老保险的运行和管理有效无误。这包括建立清晰的政策法规，规范基金管理和投资，以及设立专门的监管机构负责养老保险制度的监督和审计。还应建立举报机制，鼓励社会各界监督制度的运行，防止腐败和滥用权力的现象发生。

2. 职业年金和企业补充养老保险

首先，职业年金是由雇主或企业为员工建立和管理的养老金计划。这些计划通常以雇主为员工缴纳一定比例的薪酬作为基金的资金来源。随着员工的服务年限增加，他们的年金积累也会增加，为他们提供了退休时的额外财务支持。对于企业来说，职业年金计划有助于吸引和留住高素质的员工，提高员工的工作满意度。

其次，企业补充养老保险通常是企业为员工购买的附加养老保险，以提供额外的养老福利。这些计划可以包括寿险、年金、健康保险等。企业可以根据员工的需要和公司的政策来选择不同类型的附加福利。这种形式的养老保险为员工提供了更多的选择，可以根据自己的需求来规划退休生活。

再次，职业年金和企业补充养老保险有助于分担政府部门财政压力。在传统的养老金制度中，政府部门负担了大部分的养老金支出。然而，随着人口老龄化的加剧，政府部门可能面临更大的财政负担。职业年金和企业补充养老保险可以通过企业的贡献来分担一部分养老金支出，减轻政府部门的财政压力，有助于维持养老保险制度的可持续性。

最后，职业年金和企业补充养老保险提供了更多的选择和灵活性。老年人可以根据自己的需求和个人情况选择是否参与这些计划。这使得养老保险更加多样化，可以满足不同人群的需求。此外，企业也可以根据员工的需要来设计适合他们的养老金计划，提高员工的福利满意度。

3. 个人储蓄计划

首先，个人储蓄计划的核心理念是让个体承担更多的责任来规划和准备自己的退休生活。这种计划通常包括设立个人养老账户或投资组合，个人可以在其中存入资金，并根据自己的风险承受能力和投资目标选择不同的投资工具。这意味着个人在养老金储备方面具有更大的决策权和控制权，可以更好地满足自己的特定需求。

其次，个人储蓄计划有助于提高老年人的财务独立性。通过积极储蓄和投资，老年人可以在退休后拥有更多的财富和资产。这不仅可以用于应对日常生活开支，还可以用于处理突发支出或医疗费用。个人储蓄计划为老年人提供了一种积极的财务管理方式，让他们在退休后享受更好的生活品质。

再次，个人储蓄计划有助于提升老年人的安全感。在传统的养老金制度中，养老金的支付通常由政府部门或雇主负责，老年人对其财务缺乏一定的安全感。而个人储蓄计划将财务责任转移到了个人手中，减少了依赖外部机构的风险。这意味着即使在养老金体系出现问题或变化时，老年人仍然可以依靠自己的储蓄来维持生活。

最后，个人储蓄计划鼓励了金融教育和理财意识的培养。个人需要了解不同的投资选项、风险管理策略以及如何制定养老储蓄计划。这促使人们更深入地了解自己的财务状况，并学会更有效地规划未来。这种财务素养的提高对整个社会的经济稳定和可持续性都具有积极影响。

（二）个人账户制度改革

为了满足人口老龄化的需求，个人账户制度需要不断改进和加强。

1. 投资管理和风险分散

首先，改进个人账户的投资管理机制至关重要。个人储蓄计划的核心之一是投资，而投资的质量和管理方式直接影响个人账户的增长和稳健性。因此，政府部门和金融机构应致力于建立有效的投资管理机制，以确保个人账户的资金得到充分、有效和安全地投资。

个人储蓄计划可以为老年人提供多种投资选择，包括股票、债券、基金、不动产等。然而，由于个体投资者的知识和经验有限，他们可能面临投资决策上的挑战。因此，建立专业的投资管理团队或提供专业的投资建议非常必要。这些专业人员可以帮助个人选择适合其风险承受能力和目标的投资组合，同时监督资金的运营和增值过程。

其次，鼓励风险分散是确保个人账户安全性的重要措施。投资中的风险是无法完全消除的，但可以通过分散投资来降低。政府部门和金融机构应提供关于风险分散的教育和指导，让个体投资者了解如何将资金分散投资于不同资产类别，以降低整体投资组合的风险。

再次，政府部门可以通过监管机制来确保投资的安全性。建立监管机构来监督个人账户的投资运作，确保合法性和透明性，减少投资风险。还可以制定法规和政策，以规范金融机构在个人账户管理中的行为，确保个人储蓄得到充分保护。

最后，提供投资培训也是重要的一环。政府部门和金融机构可以组织投资培训，向个体投资者传授基本的投资知识和技巧。这有助于提高个人的金融素养，使他们能够更明智地做出投资决策，降低投资风险。

2. 提高透明度

首先，培训是提高透明度的关键。政府部门和金融机构应该提供投资培训，帮助个人投资者更好地理解养老金体系和投资原则。这些培训可以涵盖基本的金融知识、风险管理技巧和投资策略，以提高个人的投资素养。

其次，政府部门应该制定法规和政策，要求金融机构提供透明和一致的信息。这包括规定报告标准、费用披露标准等，以确保个人投资者能够轻松地比较不同的养老金产品和服务。

最后，建立独立的监督和仲裁机构也是提高透明度的一种方式。这些机构可以帮助个人投资者解决与养老金账户和投资相关的争议，确保他们的权益得到保护。

（三）灵活退休年龄

随着寿命的延长，老年人的健康状况和工作能力差异较大。因此，提供灵活的退休年龄选项至关重要。

1. 提高退休年龄的弹性

首先，根据健康状况和工作能力的选择。灵活的退休年龄制度应该允许个人根据其健康状况和工作能力来选择退休年龄。那些在较早年龄仍然健康和有工作能力的人可以选择更晚退休，以增加养老金积累。而那些在较早年龄就面临健康问题或工作能力下降的人可以选择提前退休，以获得更早的养老金支持。

其次，逐步提高退休年龄。逐步提高退休年龄是一种渐进的方式，使人们逐渐适应更长的工作年限。这可以通过在一段时间内逐年提高退休年龄来实现，以平稳过渡，减轻老年人的经济压力。

2. 奖励延迟退休

首先，提高养老金待遇。政府部门可以提供奖励措施，鼓励人们推迟退休。这可以包括在延迟退休期间继续缴纳养老金保险费用，以增加养老金积累。此外，政府部门还可以提供额外的养老金补贴或提高养老金支付水平，作为奖励延迟退休的激励。

其次，税收激励。政府部门可以提供税收激励，鼓励人们推迟退休。这可以包括免除或减少延迟退休人员的养老金所得税，从而提高他们的实际养老金收入。

最后，就业机会和培训。政府部门和企业可以提供更多的就业机会和培训，以满足延迟退休人员的需求。这有助于确保他们在继续工作时能够找到合适的职位，并提供相应的技能培训。

二、经济发展对养老保险制度的影响

（一）经济发展对财政可持续性的影响

1. 财政投入增加

随着国民经济的迅速发展，政府部门财政实力往往会得到增强。这种财政实力的增强使得政府部门有更多的资金可以用于养老金的补贴和发放。以下是经济发展对养老保险制度财政可持续性的影响：

首先，提高养老金水平。经济发展意味着政府部门可以增加对养老金的财政拨款，提高老年人的养老金水平。这有助于确保老年人能够获得足够的经济支持，以维持其基本生活水平。

其次，扩大覆盖范围。更多的财政资源可以用于扩大养老保险的覆盖范围，包括将更多人纳入该制度。这有助于减少未参保人口的比例，提高社会保障的普及率。

最后，提供更多社会保障。经济发展也为政府部门提供了更多社会保障的机会。这包括扩大医疗保险、长期护理和其他福利项目，以满足老年人多样化的需求。

2. 养老金支出压力增加

尽管经济发展可以提供更多的财政支持，但人口老龄化也带来了养老金支出的压力。

第一，老年人口增加。随着人口老龄化的加剧，老年人口数量不断增加，这导致了养老金支出的快速增长，政府部门需要应对养老金支付的巨大压力。

第二，养老金支出占比增加。经济发展带来的财政投入增加往往不足以弥补养老金支出的迅速上升。这可能导致养老金支出占政府部门总支出的比例增加，从而对财政可持续性产生挑战。

（二）经济发展对就业和职业转型的影响

1. 就业机会的变化

首先，就业市场的扩大。经济发展通常导致了不同行业的扩张和新兴产业的崭露头角。新的企业、服务和生产领域的兴起创造了大量的就业机会。例如，科技行业、金融领域和电子商务等现代产业的发展，带动了大量技术人员、金融专业人士和物流从业者的需求。这意味着更多的人有机会进入劳动力市场，参与工作，并从中获得稳定的收入。

其次，劳动力的就业机会多样化。经济的发展还导致了不同类型就业机会的多样化。在新兴行业中，人们可以找到适合自己技能和兴趣的工作。这种多样性可以吸引更多的人加入劳动力市场，包括年轻人、妇女和老年人。养老保险制度通常会覆盖这些不同年龄和性别的人群，因此就业机会的多样性意味着更多的人有机会参加社会保险并缴纳保险费。

再次，创业和自主就业。经济发展还鼓励创业和自主就业。许多人选择创办自己的企业或成为自由职业者。这种趋势使得更多的人可以自主管理自己的职业生涯，同时也需要考虑自己的养老金和退休规划。因此，养老保险制度需要适应这种创业和自主就业的趋势，为这些人提供相应的政策和支持。

最后，就业机会的地域分布。经济发展通常不会均匀分布在所有地区。某些地区可能会比其他地区更快地增长和发展，这导致了不同地区之间的就业机会差异。政府部门和养老保险机构需要考虑如何在不同地区提供养老保险覆盖，以确保所有人都能享受到养老金的福利。

2. 职业结构的变化

首先，传统产业的衰退。随着经济的快速发展，许多国家的传统产业，如制造业、采矿业和农业，逐渐减少了对劳动力的需求。这些行业通常需要大量体力劳动者，而随着技术的进步，自动化和机械化的应用，人工需求减少，导致了传统产业的衰退。这种趋势对在这些行业工作的人员的养老保险需求产生了影响，因为他们可能面临失业或职业转型的挑战。

其次，现代服务业的崛起。经济的发展通常伴随着现代服务业的崛起，如金融、信息技术、医疗保健和教育等领域。这些行业通常需要具有较高技能、知识储备和工作经验的劳动力，对员工的职业要求更高。因此，从传统产业向服务业的转型可能需要员工接受更多的培训和教育，以适应新的职业要求。这也可能对他们的养老保险需求产生影响，因为他们需要更多的职业安全感和退休规划。

再次，兼职和自由职业的增加。经济发展还促使了兼职工作和自由职业的增加。越来越多的人选择成为自由职业者或兼职工作者，从事独立的工作或多个项目。这种趋势可能导致他们没有固定的雇主，因此需要更加灵活的养老保险安排。这也对养老保险制度的设计和管理提出新的挑战。

最后，长寿和退休年龄的调整。经济发展通常伴随着健康状况的改善和人口老龄化趋势的加剧。这意味着人们的退休年龄可能会相应地调整，以更好地适应养老保险制度的可持续性。随着人们更长寿，他们可能需要更多的养老金来支持退休生活，这需要养老保险制度提供相应的政策和支持。

（三）经济发展对缴费水平的影响

第一，高工资水平提高缴费水平。高工资水平的雇员通常需要缴纳更高比例的工资作为养老保险费用。这是因为养老金的计算通常基于工资水平。因此，高工资的员工每月缴纳的养老保险费用较高，这为养老基金提供了更多的资金。

第二，增加养老基金的积累。更高的缴费水平意味着养老基金的积累速度更快。这对于维持养老保险制度的可持续性至关重要。养老基金的积累可以用于支付未来退休人员的养老金，确保他们能够在退休后获得足够的经济支持。

第三，提高养老金水平。更高的缴费水平还可以支持提高养老金水平。因为养老金的计算通常与个人的缴费金额相关，所以高工资的员工在退休后可以享受到更高水平的养老金待遇。这有助于提高退休人员的生活质量。

第四章 统筹城乡社会养老保险制度的理论基础

第一节 统筹城乡社会养老保险的意义和目标

一、统一制度的优势

城乡养老保险制度的差异在社会保障领域是一个普遍存在的问题，而统筹城乡养老保险的核心优势就在于能够消除这些差异，从而实现制度的一体化，提高养老保险的公平性和可持续性。

（一）避免差异

城乡养老保险制度的差异是一个不容忽视的问题，它常常导致养老金待遇的差异，给社会公平性带来挑战。在传统情况下，由于城市和农村地区的经济水平、就业结构、社会发展程度等存在显著差异，养老保险制度在城乡之间的设计和实施也产生了明显的差异。

1. 经济差异

首先，缴费基数与养老金水平。城市通常拥有更高的平均工资水平和更多的就业机会，这导致城市居民的缴费基数较高。他们在缴纳养老保险费用时能够投入更多资金，因此在退休时累积的养老金储备相对更丰厚。相比之下，农村地区的经济水平较低，农村居民的缴费基数受到限制，因此他们在养老金积累方面明显劣势。这导致了城市和农村之间的养老金水平差异，城市居民通常能够享受到更高的养老金待遇，而农村居民则面临较低的养老金水平。

其次，养老金发放标准。由于城市居民在缴费过程中能够积累更多的养老金储备，城市养老保险制度通常具有较高的养老金发放标准。在相对富裕的城市，老年人可以获得较高水平的养老金，能够更好地满足其基本生活需求。然而，在农村地区，养老金的发放标准通常较低，很难与城市相媲美。这使得农村老年人的养老保障水平相对较低，难以维持体面的生活。

再次，经济负担和可持续性。城市居民由于较高的缴费基数和养老金水平，需要承担更大的经济负担。然而，这种相对较高的缴费额度也为城市养老保险制度的可持续性提供了更强有力的支持。与此相反，农村地区的居民由于经济相对较弱，缴费额度较低，可能导致农村养老保险制度的可持续性受到威胁。这种可持续性问题可能会影响农村老年人的长期养老保障。

最后，区域间移动对养老金的影响。城乡经济差异也会影响人口的迁移模式。农村居民为了追求更好的就业和生活条件，经常选择外出务工或者迁往城市。然而，不同地区的养老保险制度存在差异，这可能导致一些农村居民在迁往城市后面临养老金待遇的不一致性。这种不一致性可能会降低农村居民在城市定居的信心，影响他们的稳定性和社会融合。

2. 就业结构差异

首先，缴费基数差异。城市和农村的就业结构不同，城市通常拥有更多的职业多样性和高薪岗位。这导致城市居民有更多机会获得高工资的职业，从而他们的养老保险费用较高。相比之下，农村地区以农民为主，农民的工资水平较低，因此养老保险的缴费基数有限。这种缴费基数的差异直接影响了个体在退休后可以获得的养老金水平。

其次，养老金发放标准差异。由于城市居民在缴费过程中能够投入更多的资金，他们在退休后能够获得较高水平的养老金待遇。相对较高的养老金发放标准有助于城市老年人维持相对较高的生活水平。然而，在农村地区，由于养老金缴费基数较低，养老金发放标准通常较低，难以满足农村老年人的基本生活需求。这种差异可能导致社会不公平和老年贫困问题。

再次，制度可持续性。城乡就业结构的不平衡也对养老保险制度的可持续性构成挑战。城市地区的多元化职业结构和高薪岗位意味着较高的缴费基数，为养老保险基金提供了相对稳定的资金来源。然而，农村地区的就业结构以农民为主，导致缴费人口相对较少，这可能对养老保险基金的财务稳定性和可持续性产生负面影响。确保养老保险制度的长期可持续性是一项重要任务，需要政府部门采取措施来平衡城乡差异。

最后，区域间人口流动影响。城乡就业结构差异也可能引发人口的迁移。一些农村居民为了追求更好的就业机会，选择外出务工或者迁往城市。这种迁移可能导致农村地区的劳动力减少，从而影响养老金的缴费基数和制度的可持续性。同时，城市的人口增加可能加大城市养老保险制度的财务压力，因为需要满足更多退休人员的需求。

3. 社会发展差异

首先，基础设施不足。社会发展的不平衡性导致了城乡基础设施的差异。发达城市通常投入更多资源来建设和维护基础设施，包括交通、通信、能源等。这为城市居民提供了更好的生活条件和便利，也直接影响了养老保障。相反，农村地区的基础设施相对不足，老年人可能面临交通不便、通信困难等问题，影响了他们的生活质量和养老保障水平。例如，在城市，老年人更容易获得便捷的交通工具，能够更方便地前往医院、社交活动场所以及享受文化娱乐活动，而农村地区的老年人可能需要面对交通不畅的问题，导致他们的社交和生活体验受到限制。

其次，医疗条件差异。社会发展水平的不均衡也在医疗领域产生了巨大差异。发达城市拥有更先进的医疗设施和医疗资源，城市居民能够享受更全面的医疗保障。这包括更好的医院、医生和医疗技术，使城市老年人更容易获得高质量的医疗服务。然而，农村地区的医疗条件相对较差，老年人可能面临医疗资源不足、就医难题等。这会导致农村老年人的健康保障受限，影响了其养老保障的全面性。农村地区可能缺乏专科医生，远距离就医可能导致老年人错失重要的治疗时机，加剧健康风险。

再次，社会服务不平衡。城市地区通常拥有更丰富的社会服务资源，如养老院、康复中心等，为老年人提供多样化的服务选择。这些服务可以帮助老年人更好地应对身体和心理健康问题，提供社交互动的机会，改善生活质量。然而，在农村地区，社会服务资源有限，老年人可能难以获得适宜的社会关怀和服务。这使得农村老年人的养老保障面临局限，社会服务的不足可能导致他们在老年生活中感到孤独和无助。此外，城市地区通常有更多的文化和娱乐活动，老年人可以更丰富地度过退休生活，而农村地区的老年人可能面临社交和文化活动的匮乏。

最后，区域发展不平衡的挑战。不平衡的社会发展可能导致城乡之间的区域发展差距扩大，城市吸引了更多的资源和人才，而农村地区可能陷入资源匮乏和人口流失的困境。这不仅影响了农村地区老年人的生活质量和养老保障，还加剧了城乡之间的社会不平等。政府部门需要采取政策措施，缩小城乡发展差距，确保老年人在不同地区都能够享受到公平和全面的养老保障。

（二）提高公平性

1.消除城乡差异

首先，调整缴费标准。为了消除城乡社会养老保险制度的差异，可以考虑根据地区的经济水平和就业情况，调整不同地区的缴费标准。在农村地区，可以适度降低养老金的缴费额度，以减轻农村居民的经济负担，同时保障其基本的养老保障权益。这种差异化的缴费标准可以更好地反映不同地区的经济实际情况，促进农村地区的参保率提高，增强制度的可持续性。同时，城市地区的高收入居民可以继续缴纳相对较高的养老保险费用，以维持制度的平衡和可持续性。

其次，设立差别化养老金水平。为了消除城乡养老保险制度的差异，可以在保障老年人基本养老需求的前提下，设立差别化的养老金水平。即使在缴费额度有所不同的情况下，也应该确保城市和农村的老年人都能获得基本的养老金待遇，以减少城乡之间的待遇差距。这意味着政府部门可以设定一个基本的养老金标准，然后根据个人的缴费历史和地区差异，确定实际发放的养老金水平。这种差别化的养老金制度可以更好地满足不同地区老年人的实际需求，同时确保制度的公平性和可持续性。

最后，增加财政支持。为了消除养老保险制度中的城乡差异，政府部门可以增加对农村地区养老保险制度的财政支持。通过提供财政补贴，可以弥补农村地区养老金缴费水平的不足，确保农村老年人也能获得基本的养老保障。这可以通过增加中央和地方政府对农村养老保险基金的拨款来实现。此外，政府部门还可以鼓励农村地区的企业为其员工提供额外的养老金缴费，以提高农村居民的养老金水平。这些财政支持措施可以有助于减小城乡社会养老保险制度的差异，提高农村地区老年人的生活质量。

2. 促进社会和谐稳定

首先，社会公平与和谐稳定的关系。社会公平是社会和谐稳定的基石。在一个公平的社会中，每个人都有平等的机会和待遇，不会因为个人背景或地域差异而受到不公平对待。养老保险作为社会保障制度的一部分，关系到每个人晚年生活的质量。如果养老保险制度存在不公平现象，将引发老年人之间、城乡之间的不满情绪，甚至导致社会矛盾和冲突。因此，提高养老保险制度的公平性对于促进社会的和谐稳定具有关键性意义。

其次，消除城乡养老保险差异的影响。城乡养老保险制度的差异容易成为社会不和谐的因素之一。城市养老金待遇相对较高，而农村养老金待遇较低，这种差异在老年人中引发了不满情绪，甚至可能导致社会不满情绪的积累。通过统一养老保险制度，消除城乡之间的养老金待遇差异，可以减少社会的分裂，提升老年人的获得感和幸福感，从而促进社会的和谐稳定。这也有助于减少城乡老年人之间的流动，降低城市老龄化所带来的社会压力，实现资源的更加合理配置。

最后，改善社会信任和凝聚力。养老保险制度的公平性不仅关系到个体的利益，也关系到整个社会的信任和凝聚力。如果老年人对养老保险制度产生怀疑，怀疑制度的公平性，将会削弱人们对政府部门和社会的信任，导致社会的不稳定。相反，一个公平的养老保险制度将增强老年人对社会制度的认同感，增加社会的凝聚力，进而促进社会的和谐稳定。这种信任和凝聚力的增强将有助于社会更好地应对各种挑战和困难，推动社会的长期稳定发展。

3. 增强老年人的信心

首先，公平制度的信心基础。养老保险制度的公平性是老年人信心的基础。如果老年人认为养老金的发放存在偏差或不公平，他们可能会对整个制度产生怀疑，这种怀疑可能引发社会不满情绪。相反，一个公平的制度能够为老年人提供稳定的养老金待遇，使他们更加有信心地面对退休生活。公平的制度能够让老年人感受到自己在社会中的价值和尊严，从而增强其信心和满意度。

其次，基于公正的制度设计。建立基于公正的养老保险制度是增强老年人信心的关键途径。政府部门应通过合理的政策和制度设计，确保不同地区、不同群体的老年人都能够获得公平的养老金待遇。这包括设立统一的养老金计算标准，消除城乡养老金待遇差异，确保养老金的发放与个人的缴费历史和贡献相符。只有通过公平的制度设计，老年人才会相信他们的努力和贡献得到了应有的回报，从而增强信心。

最后，透明度和信息公开。透明度和信息公开是建立信心的关键因素。政府部门和相关机构应该向老年人充分披露养老保险制度的运行机制、政策规定、养老金的计算方式等信息，让老年人了解自己的权益和待遇。透明的信息公开能够减少信息不对称，避免误解和猜测，增强老年人对制度的信心。老年人需要清楚地了解养老保险制度如何运作，以及他们可以期待什么样的养老金待遇。这样的信息透明度有助于建立信任，增强老年人的信心。

二、统筹城乡社会养老保险的目标

统筹城乡社会养老保险的目标是为确保老年人在退休后能够享有基本的生活保障和社会福利。这一目标旨在解决城市和农村地区老年人养老保障存在的不平等问题，使社会资源更加均衡地分配，确保老年人的基本福祉。

具体来说，统筹城乡养老保险的目标包括以下几个方面。

（一）提供基本生活保障

1. 养老金水平的设定与调整

首先，养老金水平的设定应当考虑以下几个因素：第一，生活成本。养老金的设定应该以老年人的生活成本为基准。这包括食物、住房、医疗、交通和其他日常开支。政府部门需要定期调查和分析这些生活成本，以确定一个基本的养老金标准，以满足老年人的基本需求。第二，通货膨胀率。养老金的购买力会受到通货膨胀的影响。因此，政府部门需要考虑通货膨胀率，确保养老金能够在一定时间内保持其实际价值。可以采用指数化的方法，将养老金的增长与通货膨胀率挂钩，以防止老年人的购买力下降。第三，城市与农村差异。城市和农村地区的生活成本和经济状况存在差异。政府部门需要根据不同地区的实际情况设定不同的养老金标准，以确保城乡老年人都能够享有基本的生活保障。这需要详细的地区差异调查和评估。

其次，关于养老金水平的调整机制，可以考虑以下几个方面：第一，定期调整。养老金的调整应该是定期的，以确保其与经济状况相适应。政府部门可以制定规定，例如每年或每两年对养老金进行一次调整。这可以根据通货膨胀率、物价指数或国内生产总值等宏观经济指标来决定。第二，风险共担。考虑到养老金制度的可持续性，可以引入风险共担机制。这意味着，当制度面临财务困难时，养老金水平可能会有所降低，但政府部门和参与者（雇主和员工）共同分担这种风险，有助于平衡制度的长期可持续性与老年人的生活质量。第三，生活成本指数化。养老金的调整也可以考虑采用生活成本指数化的方法，即将调整与老年人的实际生活成本联系起来。这可以更准确地反映老年人所需的实际支出，而不仅仅是通货膨胀的影响。

最后，为了确保养老金水平的设定与调整具有专业性和学术价值，政府部门可以建立专门的研究机构或委员会，负责定期评估和建议养老金水平的设定和调整。这些机构可以由经济学家、社会学家、统计学家和政策专家等专业人士组成，以确保决策是基于全面的研究和分析，能够维护老年人的福祉和制度的长期可持续性。

2. 养老金的分配和管理

首先，关于养老金的分配和管理，需要考虑以下几个方面：第一，高度专业化的管理机构。养老金的管理应交由专门的养老金管理机构负责，这些机构需要拥有高度专业化的团队，包括财务专家、投资分析师、风险管理专家和法律顾问等。这些专业人员能够确保资金的有效管理和投资。第二，透明的决策过程。养老金的分配和管理决策应该具有高度透明性，以确保公众对这些决策的信任。决策过程应该记录和公开，包括投资策略、风险管理政策、费用结构等。公众和相关利益方应该能够获得关于养老金的相关信息。

其次，针对养老金的投资管理，需要考虑以下几个关键因素：第一，投资组合多样性。养老金的投资组合应该多样化，以降低风险并实现稳健的回报。不同类型的资产，如股票、债券、房地产、基金等，应该被纳入投资组合中。这有助于分散风险，并减少对单一资产类别的依赖。第二，长期投资视角。养老金的投资应该具有长期视角，因为养老金的需求是长期的。这意味着投资策略应该以长期稳定的回报为目标，而不是短期投机。长期投资还可以更好地应对市场波动。第三，风险管理。养老金管理机构需要制定严格的风险管理政策，以确保资金的安全性。这包括对投资风险的评估、风险分散策略、应对市场波动的措施等。风险管理政策需要根据市场条件和制度需求进行不断的调整。

再次，关于养老金的公平分配，以下是一些关键考虑因素：第一，个人化的账户管理。个人养老金账户可以确保每位参与者根据其个人贡献和表现获得公平的养老金。这种制度可以提高个人的养老金责任感，并确保公平性。第二，基本福利水平。政府部门可以设定一个基本养老金水平，以确保每位老年人都能获得最低程度的生活保障。这可以减少社会不平等，保护最脆弱的老年人。

最后，为了保障养老金的分配和管理具有专业性和学术价值，政府部门可以采取以下措施：第一，建立独立的监管机构。独立的监管机构可以负责监督养老金的分配和管理，确保符合法规和最佳实践。这个机构应该由专业人士组成，拥有权威性和透明度。第二，定期审计和评估。养老金管理机构应该接受定期的审计和评估，以确保其运营在专业化和透明性方面达到标准。这有助于防止不当行为和滥用资金。第三，医疗保障。健康状况是老年人生活质量的重要因素。养老保险制度通常需要与医疗保险结合，以提供老年人必要的医疗保障。政府部门需要确保老年人能够获得质量高且负担得起的医疗服务，以保障他们的健康。

（二）长期可持续性

1.人口结构与养老制度

首先，人口结构的变化对养老保险制度的可持续性产生深远的影响。第一，人口老龄化趋势。人口老龄化是指老年人口的比例在整体人口中不断增加。这一趋势通常与低生育率和长寿命相关。老龄化人口的增加将导致养老金的支出迅速增加，因为更多的人需要领取养老金。第二，养老人口与劳动力人口比例。随着老年人口的增加，劳动力人口的比例可能下降。这意味着支持养老金制度的缴费人口减少，可能导致制度面临财政压力。这种情况下，政府部门需要采取措施来维持制度的平衡。

其次，应对人口老龄化趋势的策略可以包括以下几个方面：第一，提高缴费比例。为了应对养老金支出的增加，政府部门可以考虑提高养老金制度的缴费比例。这意味着员工和雇主需要缴纳更多的养老金，以支持系统的可持续性。第二，延迟退休年龄。延迟退休年龄是一种常见的政策措施，可以减轻养老金制度的财务压力。通过延长工作年限，政府部门可以推迟老年人领取养老金的时间，减少支出的早期增长。第三，引入其他金融工具。为了多样化养老金资金来源，政府部门可以考虑引入其他金融工具，例如私人养老储蓄账户、长期护理保险和政府部门债券等。这些工具可以为老年人提供额外的财务支持。

再次，政府部门可采取以下政策建议来应对人口老龄化趋势：第一，长期规划。政府部门需要制定长期规划，以适应人口老龄化趋势。这包括确定未来的养老金需求、财务可持续性、缴费政策和支出预算等。第二，社会安全网。为了保护社会最脆弱的老年人，政府部门需要建立强大的社会安全网，包括提供基本生活保障、医疗保险和长期护理服务。这可以减轻老年人的经济风险；第三，促进劳动力参与。政府部门可以采取政策来鼓励更多的人继续参与劳动力市场，包括提供培训和技能发展机会，以确保老年人在退休后能够继续为社会做出贡献。

最后，人口结构与养老制度的关系是一个复杂的问题，需要政府部门、社会和经济体系的协同努力。政府部门需要灵活地调整养老制度，以适应不断变化的人口结构，同时确保老年人能够享有尊严的晚年生活。这需要全面的政策和规划，以确保制度的可持续性和老年人的幸福。

2. 投资和资产管理

首先，养老基金的投资和资产管理需要考虑以下关键因素：第一，投资目标和策略。养老基金的投资目标应该明确，通常包括实现合理的长期回报、保护资金免受通货膨胀侵蚀、降低风险等。政府部门或专业的基金管理机构需要制定明确的投资策略，以实现这些目标。投资策略可以包括股票、债券、房地产、基金等不同资产类别的配置。第二，风险管理。风险管理是投资和资产管理的关键环节。政府部门需要建立严格的风险管理政策，以识别、评估和控制各种类型的风险，包括市场风险、信用风险、流动性风险等。这包括建立适当的风险限额和分散投资以降低单一资产类别风险。第三，资产分散。资产分散是降低投资风险的有效策略。通过将投资分散到不同的资产类别、行业和地理区域，政府部门可以减少养老基金的暴露于特定风险因素的可能性。这有助于提高投资组合的稳健性。

其次，政府部门需要采取以下措施来确保养老基金的投资和资产管理的专业性和透明性：第一，专业的基金管理机构。政府部门可以设立或委托专业的养老基金管理机构来负责基金的投资和资产管理。这些机构应该由资深的投资专业人士组成，包括投资经理、分析师、风险管理专家等。他们应该具备丰富的投资经验和专业知识。第二，透明的决策过程。投资决策过程应该具有高度透明性，包括投资目标、策略、风险管理政策和绩效评估等方面。政府部门和基金管理机构应该公开向投资者和公众报告有关基金的信息，以建立信任和透明度。

再次，监督与监管是确保养老基金的投资和资产管理合法合规的关键环节：第一，独立监管机构。政府部门可以建立独立的监管机构，负责监督养老基金的投资和资产管理。这个机构应该具有权威性和独立性，以确保基金管理机构遵守法规。第二，定期审计和评估。养老基金的投资和资产管理应该接受定期的审计和评估，以检查是否符合规定，是否有不当行为或滥用资金的情况。审计和评估应该由独立的专业机构进行。

最后，政府部门需要综合考虑养老基金的投资和资产管理，确保资金能够在市场波动时保持稳健，并有效地满足老年人的养老需求。这需要专业知识、透明度、监督和监管，以确保老年人的经济安全和福祉。因此，政府部门应该采取积极的政策举措，确保养老基金的投资和资产管理具备专业性、透明性和可持续性。

3. 法律和政策框架

首先，关于法律和政策框架的制定。第一，制定明确的法律。政府部门需要制定明确的养老保险相关法律，明确制度的目标、范围、参与条件、权利和义务、资金来源、管理机构等方面的内容。这些法律应当符合国家法律框架，并确保老年人的权益受到法律保护。第二，设定政策方向。政府部门需要制定政策文件，明确养老保险制度的政策方向，包括养老金水平、缴费政策、投资策略、风险管理、财政支持等方面的政策。这有助于为制度提供指导，确保政策的一致性和连贯性。

其次，关于法律和政策框架的更新和调整。第一，定期审查。养老保险法律和政策框架需要定期审查，以适应社会和经济的变化。政府部门可以委托专家和相关利益方参与审查过程，以确保法律和政策的有效性及适应性。第二，弹性政策制定。政府部门应该具备灵活性，能够根据实际需要迅速调整法律和政策。例如，在面对突发情况或不可预测的挑战时，政府部门可以迅速采取措施，确保制度的稳健性。

再次，监督和执行是确保法律和政策框架有效实施的关键。第一，独立监管机构。政府部门可以设立独立的监管机构，负责监督养老保险制度的运行，包括资金管理、投资管理、资产负债表的监督、参与者权益保护等。这个机构应该具备独立性、权威性和透明度。第二，严格执法。养老保险法律和政策应该明确违法行为，并制定相应的处罚措施。政府部门需要确保法律得到有效执法，以防止不当行为和滥用制度。

最后，政府部门需要建立养老保险制度的宣传和教育机制，以确保公众了解相关法律和政策，并能够充分参与制度的运行和监督。这可以通过提供信息、举办培训、开展社区活动等方式来实现。

（三）提高老年人的生活质量

1. 社会参与和文化活动

首先，社会参与和文化活动对老年人的重要性。第一，促进社交互动。社交互动对老年人的心理健康至关重要。参与社交活动可以帮助老年人建立友谊、减轻孤独感，提高自尊心和幸福感。第二，保持身心健康。参与文化和体育活动有助于老年人保持身体和精神健康。这可以帮助预防慢性疾病、减轻焦虑和抑郁症状，提高生活质量。第三，传承文化价值。老年人拥有丰富的生活经验和文化传统。通过参与文化活动，他们可以传承和分享这些宝贵的文化价值观，促进跨代交流和理解。

其次，政府部门可以采取以下措施来促进老年人的社会参与和文化活动。第一，提供社交机会。政府部门可以设立社交中心、老年俱乐部和志愿者机会，为老年人提供互动的场所和机会。这些地方可以举办社交活动、康复项目和兴趣小组，以促进社交互动。第二，举办文化活动。文化活动，如音乐会、艺术展览、戏剧表演等，可以为老年人提供丰富的文化体验。政府部门可以赞助或合作举办这些活动，确保老年人能够轻松参与。第三，提供教育资源。持续学习和教育是老年人精神健康的关键。政府部门可以提供成人教育和培训资源，帮助老年人继续学习新技能、充实自己的生活。

再次，鼓励跨代交流。第一，跨代项目。政府部门可以支持和鼓励跨代项目，例如将老年人与年轻人的互动纳入学校课程，以促进不同年龄段之间的交流和理解。第二，志愿者机会。政府部门可以鼓励老年人担任志愿者，参与社区服务和慈善活动。这可以帮助他们感到人生价值，同时也服务社会。

最后，政府部门应该与非营利组织、社区团体和文化机构合作，为老年人社会参与和文化活动共同提供更多的资源和机会。这需要政府部门的长期承诺和投入，以确保老年人能够享受充实和有意义的晚年生活，同时也增进社会的互惠互助和文化多样性。通过这些措施，政府部门可以帮助老年人更好地融入社会，提高他们的生活质量和幸福感。这对整个社会都是一项重要的任务，因为老年人是社会的宝贵资源和智慧的传承者。

2. 长期护理和健康服务

首先，关于长期护理和健康服务的重要性。第一，支持老年人的健康需求。随着年龄的增长，老年人面临更多的健康挑战，需要定期的医疗护理和支持。长期护理和健康服务可以确保老年人获得及时的医疗和护理。第二，提高生活质量。长期护理和健康服务有助于老年人保持身体健康、精神健康和社会参与，提高他们的生活质量和幸福感。

其次，政府部门可以采取以下措施来建立健全的长期护理和健康服务体系。第一，居家护理。提供居家护理服务，包括护理员、医疗设备和药物配送，以满足老年人在家中的医疗和护理需求。政府部门可以设立护理服务机构，提供专业的居家护理服务。第二，医疗服务。建立全面的医疗服务网络，包括定期体检、门诊诊疗和紧急医疗服务。政府部门可以建立医疗中心、诊所和医院，确保老年人获得高质量的医疗护理。

再次，健康教育和预防措施。第一，健康教育。提供健康教育和培训，帮助老年人了解健康问题、药物管理、饮食和生活方式等方面的知识。政府部门可以组织健康教育活动，提供信息和资源。第二，预防措施。推广健康预防措施，包括免疫接种、慢性疾病管理、健康筛查和心理健康支持。政府部门可以提供免费或补贴的预防服务，以减少老年人的健康风险。

最后，政府部门需要建立完善的监督和评估机制，以确保长期护理和健康服务的质量和可及性。这包括：第一，质量标准。制定和监督长期护理和健康服务的质量标准，以确保提供高质量的护理和医疗服务。第二，监督机构。设立独立的监督机构，负责监督护理服务机构和医疗机构的运营，确保它们遵守法规。

（四）降低养老风险

1. 风险分担机制

首先，风险分担机制的重要性。第一，经济风险的减轻。老年人面临失业、残疾或重大疾病等经济风险，这些风险可能导致其收入减少或支出增加。风险分担机制可以帮助老年人减轻这些风险的冲击，确保他们能够维持基本生活水平。第二，社会稳定。通过减轻老年人的经济风险，风险分担机制有助于维护社会的稳定。老年人不必担心失去经济支持而陷入贫困，这有助于社会的和谐与稳定。

其次，引入不同形式的风险分担机制。第一，失业保险。失业保险可以为失业老年人提供一定期限内的经济援助，以帮助他们度过失业期间。政府部门可以设立失业保险基金，由雇主和员工共同缴纳，以提供失业保险金。第二，残疾保险。残障保险可以为因残疾而无法工作的老年人提供经济支持。政府部门可以建立残疾保险计划，确保残疾人士获得适当的金融援助和服务。第三，健康保险。健康保险是另一种重要的风险分担机制，可以为老年人提供医疗费用的保障。政府部门可以建立全面的国民健康保险体系，覆盖医疗治疗、药物费用和医疗检查等。

再次，确保风险分担机制的可持续性。第一，财政支持。政府部门需要为风险分担机制提供足够的财政支持，确保资金充足以支付福利和援助。这可能需要通过税收和社会保险费用来筹集资金。第二，管理和监督。风险分担机制需要进行定期的管理和监督，以确保资金的合理使用和满足老年人的需求。政府部门可以建立独立的监管机构，负责监督和审计风险分担机制。

最后，风险分担机制应该与养老保险制度相互衔接，以形成综合的社会保障网络。这样可以确保老年人在面临各种风险时能够获得全面的支持和保障。政府部门应该采取积极的政策措施，促进风险分担机制的发展和完善，以提高老年人的经济安全和社会福祉。通过这些努力，政府部门可以为老年人提供更加全面和可持续的社会保障，确保他们能够享受尊严和幸福的晚年生活。这也有助于维护社会的稳定和和谐。

2. 教育和信息传递

首先，教育和信息传递的重要性。第一，提高养老风险意识。教育活动可以帮助老年人了解潜在的养老风险，包括经济不稳定、医疗支出和家庭需求等。通过增强意识，老年人可以更好地准备和应对这些风险。第二，金融素养提升。提供有关金融规划、投资和风险管理的信息可以提高老年人的金融素养。这使他们能够更好地理解养老金的管理和投资选择，降低财务风险。

其次，如何进行教育和信息传递。第一，举办研讨会和讲座。政府部门可以组织定期的研讨会和讲座，邀请专业人士为老年人提供关于养老金、金融规划和风险管理的信息。这些活动可以提供互动和学习的机会。第二，提供书面材料。制作易于理解的书面材料，包括手册、宣传册和信息小册子，以便老年人自主学习。这些材料可以涵盖养老保险制度、退休计划和投资基础等方面的内容。

再次，定制化的教育和信息。第一，个性化咨询。提供个性化的咨询服务，帮助老年人根据自己的金融状况和需求制定养老金管理计划。这可以包括退休规划、投资建议和风险评估；第二，在线资源。创建在线平台和资源，以便老年人随时随地获取有关养老金和金融规划的信息。这可以包括在线课程、工具和计算器等。

最后，持续的监测和反馈。第一，监测效果。政府部门应该持续监测教育和信息传递活动的效果，以评估老年人的知识水平和行为变化。这可以通过调查、反馈和评估来实现。第二，调整策略。根据监测结果，政府部门可以调整教育和信息传递策略，以更好地满足老年人的需求。这有助于持续提高养老金管理和风险管理的效率。

第二节　统筹城乡社会养老保险的原则和理念

一、统筹城乡社会养老保险的原则

（一）公平原则

1. 社会公平

第一，城乡一体化。社会公平的首要目标是确保养老保险制度在城市和农村之间建立一体化的标准。这意味着不论一个人居住在城市还是农村，都应有平等的权利和机会参与养老保险计划。为实现这一目标，政府部门可以消除城乡居民的参保壁垒，确保养老保险计划对所有居民都是开放的。

第二，公平的待遇。社会公平也要求提供公平的养老金待遇。不论个体的城市或农村背景，都应享有相似水平的基本养老金。这可以通过设定统一的最低养老金标准来实现，以确保每个老年人都能享受到一定的经济保障。

第三，信息普及。为实现社会公平，政府部门需要积极普及有关养老保险的信息，确保居民充分了解自己的权利和福利。这可以通过开展宣传教育活动、提供咨询服务等方式来实现，以保障居民不因信息不对称而受到不公平对待。

2. 经济公平

第一，差异化缴费。经济公平要求养老保险的缴费和福利应根据个体的经济能力和需求进行差异化制定。高收入人群可以承担更高的缴费，以支持低收入人群的养老金需求。这可以通过设定不同收入水平的缴费比例来实现，确保养老保险是经济公平的。

第二，地区差异。考虑到不同地区的生活成本和经济情况存在差异，经济公平还要求养老保险制度可以根据地区进行调整。在高成本地区，可以提高养老金水平，而在低成本地区，可以相应降低养老金的标准，以反映地区经济差异。

3. 代际公平

第一，负担平衡。代际公平强调，年轻一代的缴费负担不应过重，以确保他们有足够的经济能力来支持老年一代的养老金支付。政府部门可以确保养老金的缴费比例是可持续的，不会给年轻一代带来不公平的负担。

第二，长期规划。为维护代际公平，政府部门应鼓励年轻一代进行养老金规划，确保他们在退休后能够获得充分的经济保障。这可以通过提供金融教育和咨询服务来实现，帮助年轻一代合理规划个人养老储蓄。

（二）可持续原则

1. 长期稳定性

第一，资金管理与投资策略。养老保险制度的长期稳定性取决于对资金的有效管理和合理的投资策略。政府部门应确保资金投资的多样性，包括股票、债券、不动产等，以降低风险，同时追求合理的回报率。定期评估资产配置，根据市场变化和制度需求做出调整。

第二，风险分担。长期稳定性要求政府部门制定风险分担机制，以减轻养老基金面临的风险。这可以包括建立失业保险、残疾保险等制度，以确保老年人即使面临突发状况，仍能获得经济支持。

第三，资金储备。长期稳定性还需要政府部门建立充足的养老基金储备，以确保未来支付养老金的可持续性。政府部门应制定资金储备政策，确保基金的健康运营，不断积累资金以满足未来需求。

2. 适应性

第一，制度灵活性。养老保险制度应具备灵活性，能够适应社会和经济的变化。政府部门应定期审查制度，根据老年人口的增加、生活成本的变化和社会需求的改变，灵活地调整养老金水平和缴费标准。

第二，技术创新。为提高适应性，政府部门可以积极采用现代技术，如人工智能和大数据分析，来改进养老保险制度的管理和运营。这将有助于提高效率和准确性，适应社会的变革。

第三，教育和信息传递。适应性还包括为居民提供充足的教育和信息，使他们了解养老保险的运作方式和自己的权利。政府部门可以定期开展教育活动，提供在线资源，以提高居民的养老金规划和风险管理意识。

3. 公共财政可持续性

第一，财政监管和透明度。为确保公共财政的可持续性，政府部门需要建立财政监管机制和提高透明度。这包括监测和审计养老基金的使用，防止滥用资金，并公开财政信息，让公众了解政府部门的财政状况。

第二，多元化收入来源。政府部门可以探索多元化的收入来源，以支持养老保险制度。这可以包括税收改革、社会保险税、国有资产管理等措施，以增加财政收入，维护公共财政的可持续性。

第三，长期规划。公共财政的可持续性还需要政府部门进行长期规划，确保财政资源能够满足未来养老金支付的需求。政府部门应定期进行财政可持续性评估，并制定相应的政策来保障长期财政稳定。

二、纵向和横向的统筹理念

（一）纵向统筹

纵向统筹是指在不同层级之间建立有效的协调机制，以确保养老保险体系的一致性和完整性。在国家层面，政府部门应该制定统一的法律法规和政策，为全国范围内的养老保险提供统一的指导。同时，在地方层面，政府部门可以根据实际情况进行适当的调整和实施，以满足不同地区的特殊需求。

1. 国家层面的纵向统筹

首先，法律法规的制定与修订是国家层面纵向统筹的首要任务。第一，制定基本法律法规。政府部门应首先制定养老保险的基本法律法规，明确制度的核心原则、范围、缴费规定和待遇水平。这些法律法规应为整个国家提供一致的制度框架，确保各地区的参保人都能享受相似的权益。第二，定期修订和完善。随着社会和经济的不断变化，政府部门需要定期修订和完善养老保险法律法规，以适应新的情况和需求。修订过程中，应广泛征集各方意见，确保制度的公平性和可行性。

其次，政策的统一指导对于养老保险制度的一致性至关重要。第一，明确政策目标。政府部门应明确养老保险制度的政策目标，以指导各地区的制度设计和改革。这包括确定制度的发展方向、基本原则和政策优先领域。第二，灵活调整政策。政府部门应根据不同地区的特殊需求，灵活调整政策，确保制度能够在各地有效实施。同时，政策的一致性和稳定性也应得到保障。

再次，资金的统一管理是确保制度可持续性的重要措施。第一，建立专门机构。政府部门应设立专门的机构，负责监督和管理养老保险基金的收支情况。这些机构应负责制定资金管理和投资的规范制度，以确保基金的安全性和稳定性。第二，严格监督基金使用。政府部门应严格监督基金的使用，防止滥用资金或出现资金流失的情况。这有助于保障参保人的合法权益，维护基金的稳健运营。

最后，国家层面的纵向统筹需要在各个方面保持协调和一致性，以确保养老保险制度在全国范围内发挥作用，为老年人提供稳定的经济保障。政府部门在制定法律法规、政策指导和基金管理方面需要持续努力，以满足不同地区的需求，促进制度的公平和可持续发展。通过这些措施，政府部门可以为老年人提供更好的养老保障，维护社会的经济稳定和和谐。

2. 地方层面的纵向统筹

在地方层面进行纵向统筹养老保险制度是确保制度在不同地区具有适应性和有效性的重要举措。以下是地方层面纵向统筹需要关注的几个方面：

首先，适度地的活性是地方层面纵向统筹的首要任务。第一，考虑地方特色。不同地区存在着经济发展水平、人口结构、就业特点和社会需求的差异。因此，政府部门在地方层面进行纵向统筹时，应充分考虑这些地方特色，适度调整制度的具体实施方案。这可以包括根据地区的经济水平确定缴费标准或灵活调整养老金待遇水平，以更好地满足不同地区的实际需求。第二，激励政策的制定。地方政府部门可以采取一些激励政策，吸引更多人参保，特别是在相对落后地区。这可以包括提供税收优惠或额外的福利待遇，以鼓励人们积极参与养老保险制度。

其次，风险防控和督导是确保制度稳定运行的关键。第一，建立风险防控机制。地方政府部门需要建立健全的风险防控机制，预防制度中可能出现的问题和风险。这可以包括定期进行风险评估和制度漏洞的修补，以确保制度的稳定性。第二，监测和督导。政府部门可以设立专门机构负责监测制度运行情况，及时发现问题并采取措施加以解决。此外，地方政府部门应加强对地方养老保险制度的督导和检查，确保制度的合规性和透明度，防止滥用权力和资金。

再次，信息共享与协作有助于提高制度的整体水平。第一，建立信息共享机制。不同地区的养老保险制度可能面临不同的挑战和机遇。因此，地方政府部门之间应建立信息共享的机制，促进经验和做法的交流。通过信息共享，可以借鉴其他地区的成功经验，推动制度的不断创新和改进。第二，地方合作。不同地区之间也可以开展合作，共同解决养老保险制度中的共性问题。这可以包括共同制定政策措施、合并基金管理等，以提高制度的整体水平和可持续性。

地方层面的纵向统筹可以使养老保险制度更具灵活性和适应性，更好地满足不同地区的需求。通过适度的灵活性、风险防控和督导，以及信息共享与协作，地方政府部门可以在保障制度的稳定性和可持续性的基础上，为老年人提供更好的养老保障。同时，地方政府部门还应密切与国家层面合作，形成全面的纵向统筹体系，共同推动养老保险制度的发展。这将有助于确保老年人在晚年享有经济安全和福祉。

（二）横向统筹

1. 养老保险与医疗保险的横向统筹

第一，减轻医疗负担。首先，养老保险与医疗保险的横向统筹可以有效减轻老年人的医疗负担。老年人在退休后通常面临健康问题的增加，需要更多的医疗关怀和支持。然而，医疗费用可能成为他们的经济负担，特别是对于那些没有额外医疗保险的人来说。通过将两种保险基金相结合，可以提供更为全面的社会保障。老年人可以利用部分养老金来报销医疗费用，从而降低他们的医疗开支。这种共享资金的方式有助于确保老年人在健康问题上能够获得必要的经济支持。其次，横向统筹还可以促进医疗保险的可及性。老年人通常需要更频繁的医疗服务，包括定期的健康检查和慢性病管理。通过将医疗保险与养老保险整合，可以提供更广泛的医疗覆盖范围，包括药物费用、医院治疗和医生咨询等。这有助于降低老年人寻求医疗服务的门槛，使他们更容易获得必要的医疗护理。

第二，促进健康管理。首先，养老保险与医疗保险的横向统筹可以促进老年人的健康管理。通过鼓励老年人定期进行体检和健康检查，可以及早发现潜在的健康问题，采取预防和干预措施。政府部门可以设立医疗保险政策，鼓励老年人定期参加体检，一旦发现健康问题，医疗保险可以提供相应的补偿和治疗支持。这种健康管理的方法有助于提高老年人的生活质量和健康水平，减少医疗支出。其次，横向统筹还可以通过健康教育和预防措施来促进老年人的健康。政府部门可以开展健康教育活动，向老年人提供关于健康饮食、锻炼和生活方式的信息。此外，可以提供免费或补贴的疫苗接种和健康筛查服务，以确保老年人能够及时预防常见的健康问题。这有助于减少医疗费用的支出，同时提高老年人的健康水平。

2. 养老保险与失业保险的横向统筹

第一，促进就业稳定。首先，养老保险与失业保险的横向统筹可以在老年人失业时提供经济支持，减轻其失业后的经济压力，从而促进老年人的就业稳定。在传统情况下，一些老年人可能因为担心失业而不敢积极寻找新的就业机会，这导致了劳动力的浪费。通过横向统筹，老年人在失业时可以获得一定期限内的失业保险金，这有助于他们在失业后有更多的时间去寻找适合的工作岗位，提高了再就业的机会和意愿。这对于延长老年人的劳动年限、保持社会稳定以及减轻养老保险制度的财务压力都具有重要意义。其次，横向统筹还可以通过提供职业培训和技能提升的机会来帮助老年人更容易地重新就业。失业保险可以与培训机构合作，为失业的老年人提供培训课程，帮助他们获得新的技能和知识，以适应不断变化的劳动市场需求。这有助于老年人更好地适应就业市场的要求，提高再就业的竞争力。

第二，缓解退休风险。首先，养老保险与失业保险的横向统筹可以缓解部分老年人在退休后可能面临的经济风险。一些老年人可能因为养老金不足或个人储蓄不足，需要在退休后继续寻找就业机会以维持基本生活需求。然而，这样的就业机会并不总是稳定和可靠的。通过失业保险的横向支持，老年人在退休后失去工作时，可以获得一定的失业保险金，从而减轻其退休风险，确保他们有足够的经济支持来维持基本生活水平。这种机制有助于提升老年人的经济稳定性和退休生活的质量。其次，横向统筹还可以为退休人员提供再就业机会。一些老年人在退休后可能希望继续工作，以保持活跃度和社会参与感。失业保险可以为他们提供再就业的机会，与雇主合作提供适合老年人的工作岗位。这有助于老年人在退休后继续参与劳动力市场，实现经济和社会的双重收益。

第三节　统筹城乡社会养老保险制度设计的思路和方法

一、阐述不同城乡背景下的制度设计思路

（一）城市地区的制度设计

1. 充分利用城市经济活力

城市作为经济中心，其丰富的产业结构和就业机会为养老保险提供了稳定的缴费基

础。制度设计可以鼓励城市居民和企业积极参与养老保险，通过个人和单位缴费的方式，为养老金积累提供稳定的资金来源。此外，城市地区的经济活力也意味着更高的人均收入水平，为养老金的缴费水平提供一定的保障，有助于实现养老保险的财务可持续性。

2. 引入多元化投资运营方式

在城市地区，养老金的投资运营可以更加多样化和灵活。除了传统的投资方式，如股票、债券，还可以考虑引入创新投资工具，如基础设施投资、科技创新基金等。多元化的投资可以降低风险，提高养老金的回报率，从而增加养老金的积累和发放能力。然而，投资风险管理也至关重要，需要建立严格的投资标准和监管机制，确保养老金的安全性和稳定性。

3. 灵活的退休政策

城市居民的职业生涯相对多样化，有些人可能希望在法定退休年龄之后继续从事兼职、自由职业或创业等活动。因此，引入灵活的退休政策可以满足不同个体的需求。政策可以允许个体在达到法定退休年龄后继续工作，同时继续缴纳养老保险，以获得更高的养老金待遇。这不仅有助于延长个体的劳动年限，减轻养老金负担，还能够充分发挥城市居民的职业技能和经验。

在制度设计中，还需充分考虑城市地区的社会多样性和变化趋势。城市人口流动性较大，因此，需要建立完善的信息共享机制，确保个人的养老保险权益能够得到跨地区的连续保障。同时，制度应该具备灵活性，能够及时应对城市居民的新需求和变化。通过充分利用城市的经济活力、引入多元化投资、推行灵活的退休政策等措施，城市地区的养老保险制度能够更好地满足城市居民的养老需求。

（二）农村地区的制度设计思路

1. 灵活的缴费方式

农村地区的居民收入普遍较低，且存在季节性或不稳定性，因此，制度设计应考虑灵活的缴费方式。可以根据个体的经济能力和实际收入情况，引入阶段性缴费，让农村居民在不同阶段选择适合自己的缴费额度。此外，也可以按年度或按次调整缴费标准，以确保缴费的合理性和可承担性。

2. 强化信息宣传

在农村地区，养老保险的认知度相对较低，居民对于制度的了解和参与意愿有限。因此，制度设计应重视信息宣传，通过多种渠道向农村居民普及养老保险的基本知识、政策优惠等内容，增强他们的保险意识和参与度。可以借助村级宣传、广播、传单等方式，将养老保险的重要性和好处传达给农村居民。

3. 建设基础设施

农村地区的基础设施和社会服务相对滞后，这影响了养老保险制度的顺利实施。政府部门应加大基础设施建设投入，提升医疗、教育、交通等服务水平，为农村居民提供更好的养老保障环境。例如，建设健康诊所、养老活动中心等设施，提供医疗保健、健康咨询、文化娱乐等服务，提高农村居民的生活质量。

4. 强化农村社会保障网

养老保险制度设计应与农村社会保障网相结合，形成更为完善的社会保障体系。可以将养老保险与医疗保险、最低生活保障等相衔接，确保农村居民在不同领域都能够得到全面的保障。这有助于提高农村居民的生活品质，减轻他们在养老阶段的经济压力。

综合考虑以上因素，农村地区的养老保险制度设计应该具备灵活性、针对性和整合性。通过灵活的缴费方式、强化信息宣传、基础设施建设以及与社会保障网的衔接，能够更好地满足农村居民的养老需求，提升其养老保障水平。

二、跨地区、跨部门合作

（一）建立跨地区的合作机制

1. 实现城乡养老保险制度的统筹需要各地区的密切合作

首先，跨地区的合作机制在城乡养老保险制度的统筹中具有不可替代的作用。随着我国城乡发展不平衡的现实情况，不同地区的老年人口面临不同的养老挑战。一些发达城市可能更容易建立健全的养老保险制度，而一些农村地区则面临资源匮乏和资金不足的困境。通过跨地区的合作机制，政府部门可以促进各地区之间的资源共享和政策协调，从而更好地满足老年人的养老需求。

其次，跨地区的合作有助于加强城乡之间的经验交流。不同地区在养老保险制度的设计和实施方面可能积累了不同的经验和教训。通过定期召开会议和研讨会，各地区可以分享自己的成功经验和教训，借鉴其他地区的好做法，避免重复犯同样的错误。这有助于提高整个国家养老保险制度的效率和质量，确保老年人能够享受到更好的养老保障。

再次，跨地区的合作机制可以促进城乡之间的政策协调。不同地区可能会制定不同的政策和措施来适应自己的实际情况。然而，这可能会导致政策的不协调和混乱。通过建立合作机制，政府部门可以在各地区之间制定一致的政策指导，确保各地区的政策协调一致，有助于提高整个养老保险制度的稳定性和可持续性。

最后，跨地区的合作机制也可以促进各地区之间的人才流动和资源配置。一些地区可能拥有更丰富的人力资源和资金，可以向相对贫困的地区提供支持。这种资源共享可以加速农村地区养老保险制度的建设和发展，从而更好地满足老年人的养老需求。同时，人才流动也可以促进城乡之间的文化交流和共享，有助于拉近城乡之间的距离，建设更加和谐的社会。

2. 跨地区的合作还可以涉及资源的共享和协同发展

首先，跨地区资源的共享是城乡养老保险制度统筹的关键一环。一些发达的城市地区通常拥有更丰富的财政资源和技术能力，可以向相对落后的农村地区提供必要的支持，帮助他们改善养老保险制度的建设和运行。这种资源共享可以通过建立资金调剂机制来实现，即将一部分资金从发达地区调拨到农村地区，以确保养老保险制度的公平性和可持续性。这种机制可以根据各地区的养老金需求和财政状况来分配资金，确保老年人在不同地区都能够享受到合理的养老保障。

其次，资源的共享不仅包括资金支持，还包括技术和管理经验的传递。一些发达地区在养老保险制度的设计和管理方面积累了宝贵的经验，可以与农村地区分享这些经验，帮助他们更好地建设和管理自己的养老保险制度。这可以通过建立培训计划、派遣专家团队、提供技术咨询等方式来实现。例如，发达地区的专家可以前往农村地区，协助他们完善养老金计划、提高资金管理水平、建立有效的风险管理机制等，从而提高农村地区养老保险制度的质量和效率。

再次，跨地区资源的共享也可以促进城乡之间的协同发展。通过将资源投入农村地区的养老保险制度建设中，可以提高农村地区的经济活力，促进就业增长，吸引更多的年轻人留在农村工作和生活。这有助于实现城乡之间的资源协同流动，减少农村地区的人口外流，推动农村地区的可持续发展。同时，这也有助于改善城市地区的人口结构，减轻城市的养老负担，实现全国范围内的人口均衡发展。

最后，资源的共享也有助于加强城乡之间的社会团结和凝聚力。通过互助合作，不同地区的居民可以建立更加紧密的联系和关系，共同为养老保险制度的发展和改进贡献自己的力量。这有助于减少城乡之间的分歧和对立，促进社会的和谐发展。

（二）跨部门的合作

1.财政部门在城乡社会养老保险制度中发挥着重要作用

首先，在城乡社会养老保险制度中，财政部门的重要作用之一是提供充足的财政支持。养老保险制度的建设和运行需要大量的资金，尤其是在养老人口不断增加的情况下。政府部门可以通过建立专项基金来确保资金的充足。这些专项基金可以用于养老金的支付、养老保险制度的改进和扩展、医疗保险和失业保险的横向统筹等方面。财政部门应该根据养老保险制度的需要，及时拨款和投入资金，以确保制度的顺利运行。

其次，财政部门还可以制定差异化的政策，以满足不同地区的需求。不同地区在经济发展水平、人口结构和社会需求上存在差异，因此，财政部门可以根据这些差异制定不同的政策。例如，对于经济相对发达的城市地区，可以提高缴费比例和养老金水平，以满足高成本生活的需求。而对于相对落后的农村地区，可以采取激励政策，吸引更多人参保，并提供适度的财政支持。这种差异化政策的制定有助于提高制度的公平性和可行性。

再次，财政部门还需要积极参与养老保险制度的改革和完善。随着经济社会的发展，养老保险制度需要不断调整和优化，以适应新的情况和需求。财政部门可以与其他相关部门合作，共同制定和实施改革政策。例如，可以调整养老金的计算方法，提高资金的管理效率，建立风险分担机制等。财政部门的积极参与可以确保改革政策的财政可行性，有助于制度的长期可持续性。

最后，财政部门还需要加强对养老基金的监督和管理。养老基金的安全和有效管理对于制度的可持续发展至关重要。财政部门可以设立专门的机构，负责监督和管理养老基金的收支情况。这可以通过建立资金管理和投资的规范制度来实现，确保基金的安全性和稳定性。此外，财政部门应当严格监督基金的使用，防止滥用资金或出现资金流失的情况，保障参保人的合法权益。

2. 人力资源社会保障部门负责养老保险制度的运行和管理

首先，人力资源社会保障部门在养老保险制度中扮演着至关重要的角色，其责任之一是制定与制度运行相关的政策和规定。这些政策和规定应包括养老保险的参保范围、缴费标准、养老金计算方法、待遇水平等核心内容。通过明确的政策和规定，可以为养老保险制度提供明确的法律依据，使其更具透明性和可预测性。政策的制定过程中，人力资源社会保障部门应当充分考虑各方利益，确保制度的公平性和可行性。

其次，人力资源社会保障部门需要积极监督和管理养老基金的使用。养老基金是养老保险制度的资金来源之一，其安全和有效的管理至关重要。部门可以建立资金管理的规范制度，明确资金的使用范围和流向，防止滥用和浪费。此外，部门还应当加强对基金的投资管理，确保资金的稳健增值，以满足未来老年人口的需求。这需要谨慎的投资策略和风险管理机制的建立。

再次，人力资源社会保障部门应当开展宣传和教育活动，帮助老年人了解他们的权益和福利。老年人通常对养老保险制度的运行和待遇标准了解有限，因此，人力资源社会保障部门可以组织宣传活动，向他们传达相关信息。这包括养老金的领取流程、参保条件、享受待遇的资格等方面的知识。此外，还可以提供咨询服务，解答老年人的疑问和问题，帮助他们更好地利用养老保险制度。

最后，人力资源社会保障部门需要不断改进和完善养老保险制度。可以主导制度的改革工作，包括养老金水平的调整、参保范围的扩大、待遇标准的修订等方面的改进。同时，应当与财政部门、医疗保险部门等相关部门密切合作，形成协同机制，确保各项政策和措施的协调性和一致性。

第五章　城乡社会养老保险制度的整合与改革

第一节　城乡社会养老保险制度的整合方案

一、城乡社会养老保险制度的整合目标与步骤

（一）城乡社会养老保险制度的整合目标

1.建立统一的制度框架

首先，明确统一的法律法规。为建立统一的框架，政府部门需要制定明确的法律法规，明确整合后的城乡社会养老保险制度的基本原则和规定。这些法规应当涵盖参保范围、缴费标准、养老金计算方法、资金管理、待遇水平等核心要素，以确保制度的一致性和公平性。

其次，协调不同地区和群体的利益。在建立统一框架的过程中，需要协调不同地区和群体的利益。城市和农村、不同行业的居民都可能有不同的养老保险需求和利益诉求。政府部门应当积极倾听各方的意见，通过公平公正的决策机制来协调各方的利益，确保制度的可行性和广泛接受度。

再次，建立机制保障权益平等。统一的制度框架应该强调权益平等。这包括消除城乡之间的差异，确保不同地区和群体的居民在制度下享有平等的社会保障权益。政府部门可以通过制定政策，明确待遇水平的均等化目标，并采取措施逐步消除待遇差距，确保居民享有公平和公正的养老保险待遇。

最后，建立监督和评估机制。统一的制度框架的建立需要建立有效的监督和评估机制，以确保制度的实施和运行符合法律法规的要求。政府部门可以设立专门的监督机构，负责监督和评估整合后的城乡养老保险制度的运行情况，及时发现和解决问题，确保制度的有效性和可持续性。

2.提高养老金待遇均等化

首先，建立统一的养老金计算标准。为实现养老金待遇均等化，整合后的制度应建立统一的养老金计算标准，确保不同地区和群体的养老金计算方式相对一致。这可以通过设立基础养老金计算公式，包括参保年限、缴费额、个人工资水平等核心因素，来计算每位养老金领取者的养老金水平。这一标准应充分考虑不同地区的生活成本和经济发展水平，以确保待遇的合理性和公平性。

其次，逐步提高养老金水平。为实现养老金待遇均等化，政府部门可以逐步提高养老金水平，确保城乡居民都能够享受到较高的养老金待遇。这可以通过制定年度养老金调整政策，根据通货膨胀率、平均工资水平等因素来动态调整养老金数额。此外，政府部门还可以考虑向特殊群体，如低收入农村居民或残疾老年人提供额外的养老金补贴，以确保他们的生活水平。

再次，消除不合理的养老金差异。整合后的制度需要消除不合理的养老金差异，确保不同地区和群体的养老金待遇相对均等。政府部门可以对原有的不合理规定进行修订和优化，以减少城乡居民之间的养老金差距。

最后，建立养老金调查和监测体系。为了确保养老金待遇均等化目标的实现，政府部门可以建立养老金调查和监测体系，定期评估养老金待遇的均等化水平。这可以包括收集和分析城乡居民的养老金数据，监测不同地区和群体的养老金水平，并根据监测结果采取相应的政策措施来弥补差距。

3. 扩大参保范围

首先，降低参保门槛。为扩大参保范围，政府部门可以降低养老保险的参保门槛，使更多的城乡居民能够轻松加入。这包括降低缴费标准、取消入保年龄限制、简化参保手续等措施。特别是要重视降低农村地区的参保门槛，因为农村居民通常收入较低，如果门槛过高，将难以吸引他们参保。

其次，拓宽参保渠道。为便于更多人参与，政府部门可以拓宽参保渠道，提供多样化的参保方式。除了传统的线下参保渠道，还可以推广在线参保，让居民能够通过互联网或手机应用程序方便地完成参保手续。此外，政府部门还可以通过邮局、社区服务站等渠道提供参保服务，确保每个人都能轻松获得相关信息和帮助。

再次，减少不合理的限制。为确保养老保险的覆盖面更广，政府部门需要审查并逐步减少不合理的参保限制。例如，一些地区可能规定只有固定工作的员工才能参保，而排除了零工、自由职业者等人群。政府部门可以取消或放宽这些限制，使更多类型的就业形式都能够纳入养老保险制度。

4. 提高制度的可持续性

首先，科学设立缴费标准。为确保养老基金的充足，政府部门可以依据统计数据和财政状况，科学设立缴费标准。这些标准应该基于个人的工资水平和财力状况，确保每个参保者按照其能力合理缴纳养老保险费用。这有助于稳定基金的来源。

其次，建立多元化的资金投资渠道。为提高养老基金的长期增值，政府部门可以建立多元化的资金投资渠道，包括股票、债券、不动产、基金等。这有助于分散投资风险，提高养老基金的回报率。同时，政府部门需要设立专门的机构或基金管理公司，负责养老基金的投资和管理，确保投资决策的专业性和透明性。

最后，建立储备基金和储备账户。为防止养老基金的过度使用，政府部门可以建立储备基金和储备账户。储备基金可以用于紧急情况下的支出，如经济危机或自然灾害。储备账户可以用于长期规划，如未来人口老龄化所带来的养老金支出增加。这有助于保障养老基金的可持续性，避免不必要的风险。

5. 简化管理流程

首先，合并不同制度的管理机构。在整合过程中，政府部门可以将原本分散管理的城市和农村养老保险制度的管理机构合并为一个统一的管理机构。这有助于减少重复性工作，提高管理效率，并降低管理成本。合并后的机构可以统一制定政策、处理参保者的申请和查询等。

其次，建立在线服务平台。政府部门可以投资建设在线服务平台，使参保者能够通过互联网进行养老保险的申请、查询和管理。这种平台可以提供各种在线工具，包括电子申请表格、在线支付系统和数字化的养老金记录。这有助于提高服务的便捷性，减少纸质文件的使用，加快处理速度，并减少人力成本。

最后，优化流程和规则。政府部门可以对养老保险的管理流程和规则进行全面审查和优化。简化申请和认证流程，减少烦琐的手续和审批环节。确保规则的透明性和一致性，以减少混淆和误解。这有助于提高参保者的满意度，减少申诉和纠纷。

（二）城乡社会养老保险制度的整合步骤

1. 立法和政策制定

首先，法律法规的制定。政府部门应该首先制定明确的法律法规，以确立整合后的城乡社会养老保险制度的基本框架、原则和机制。这些法规应明确定义参保范围，明确规定不同地区的缴费标准，养老金计算方法以及资金管理机制。这有助于确保各方遵守统一的规则，避免不同地区之间出现法律漏洞或解释差异。

其次，政策的制定与协调。政府部门需要制定政策，以确保城市和农村地区之间的养老保险政策协调一致，并逐步实现待遇水平的协调和均等化。这意味着政策应该具有差异化的特点，以适应不同地区的经济差异和发展水平。例如，可以制定特殊政策来支持农村地区的参保和养老金待遇。

2. 信息共享与系统整合

首先，数据整合和共享。不同地区和部门之间需要建立信息共享和系统整合机制，以确保数据的整合和共享。这包括将不同地区的参保人员信息整合到一个统一的数据库中，确保各级政府部门和部门之间可以互通互联。这有助于减少重复录入和管理成本，提高工作效率。然而，必须确保数据的安全性和隐私保护，采取必要的安全措施来防止数据泄露和滥用。

其次，建立信息系统。需要建立统一的信息系统，以支持养老保险制度的管理和运行。这个信息系统可以包括在线申请、查询、审核等功能，使参保者能够方便地访问和管理其养老保险账户。这个系统还可以用于自动化的养老金计算和发放，减少人工处理的烦琐过程。此外，信息系统应该具备良好的用户界面和友好的操作体验，以提高参保者的满意度。

3.资金合并与管理

首先，资金合并。这个过程需要精心规划，确保不会影响到现有参保者的权益和养老金支付。资金合并的好处之一是能够降低管理成本，减少冗余的行政开支，提高基金的使用效率。合并后的资金池可以更好地应对风险，确保养老金的可持续发放。

其次，建立资金管理制度。需要建立严格的资金管理制度，确保资金的长期稳定增值。这包括合理的资产配置和风险管理策略。政府部门和相关机构应该制定投资政策，确保资金的安全性和稳定性。资金管理制度还应包括对基金运营的监督和审计机制，以确保合规性和透明度。这可以通过设立专门的基金管理机构或委托专业的资产管理公司来实现。

4.待遇水平协调

首先，逐步提高待遇。政府部门可以制定明确的时间表和措施，逐步提高农村地区的养老金发放标准，使其逐渐接近城市水平。这需要精心规划，确保提高待遇的过程平稳有序，不会对财政造成过大的压力，同时也要考虑老年人的实际需求。

其次，考虑经济差异。不同地区的经济水平存在差异，因此，协调待遇水平时需要根据实际情况进行灵活调整。政府部门可以采取差异化的政策措施，以确保不同地区的老年人都能够获得合理的养老金待遇，同时不会对一些地区造成不合理的财政压力。这可以包括根据地区的经济情况进行不同比例的待遇提高，以平衡各方利益。

通过以上步骤的有机衔接，政府部门可以逐步推进城乡社会养老保险制度的整合，实现养老保险制度的公平、可行和可持续发展。

二、城乡差异的整合方案

（一）灵活的缴费制度

针对城乡居民的不同收入水平和就业情况，可以采取灵活地缴费制度。在城市地区，可以维持较高的个人和单位缴费标准，以反映较高的收入水平和稳定的就业情况。而在农村地区，可以引入分段缴费或按年度调整的方式，根据居民的实际情况确定缴费金额，以减轻负担。

1.城市地区的缴费

首先，制定相对较高的缴费标准。在城市地区，可以制定相对较高的个人和单位缴费标准。由于城市居民的普遍高收入水平，他们更有能力缴纳较高额度的养老保险费用。这将有助于充实养老保险基金，确保基金的可持续性。政府部门可以根据城市地区的实际情况制定合理的缴费标准，确保不会过分加重个人和单位的经济负担，同时又能够为城市居民提供更加丰厚的养老金待遇。

其次，引入多元化的缴费方式。除了按工资收入缴费外，可以让个人有自愿选择的权利，允许他们根据自身情况选择增加缴费额度以获取更高的养老金待遇。这种自愿选择可以根据个人的财务状况和养老规划进行灵活调整，让城市居民根据自己的需求和意愿来参与养老保险制度。这种灵活性有助于满足不同居民的养老金期望，提高满意度。

最后，定期评估和调整缴费标准。政府部门还应该定期评估城市地区的缴费标准，以确保其合理性和适应性。城市经济和就业情况可能会发生变化，因此需要根据实际情况进行调整。可以设立专门的机构负责监测城市地区的经济状况，并根据评估结果来调整缴费标准。这有助于保持养老保险制度的灵活性和适应性。

2. 农村地区的缴费

首先，引入分段缴费制度。在农村地区，可以考虑引入分段缴费制度，根据居民的收入水平划分不同的缴费档次。这种制度能够确保缴费金额与个人经济实力相匹配，不会过分加重低收入农村居民的经济负担。分段缴费制度通常包括若干个档次，每个档次对应不同的缴费额度，居民可以根据自身的经济状况选择适合的档次进行缴费。这种方式既能够为低收入居民提供缴费的灵活性，又能够确保养老保险基金得到稳定的筹集。

其次，按年度调整缴费标准。这种灵活的制度可以适应农村地区经济状况的变化，不会给低收入居民带来过大的经济压力。政府部门可以设立年度评估机制，根据农村地区的经济发展情况和通货膨胀水平来调整缴费标准。这有助于保持缴费的合理性和公平性，确保居民在不同年份的缴费能够与其实际经济情况相符。

最后，提供缴费优惠政策。政府部门可以考虑为农村居民提供一些缴费优惠政策，以鼓励他们积极参与养老保险制度。例如，可以设立一些税收优惠措施，减轻居民的财政负担。此外，还可以考虑设立一些奖励机制，例如提供一定的缴费补贴或奖励金，作为对积极参与养老保险的农村居民的回报。这些政策可以激励农村居民更加积极地参与缴费，提高养老保险制度的可持续性。

（二）差异化的养老金待遇

1. 城市地区的养老金待遇

首先，确定较高的基础养老金金额。在城市地区，政府部门可以考虑确定较高的基础养老金金额，作为城市居民退休后的最低养老金待遇。这个基础金额应该能够覆盖基本的生活开支，包括食品、住房、医疗等方面的支出。通过设定较高的基础金额，可以确保城市居民在退休后不会因养老金待遇太低而陷入经济困境。这有助于提高养老金的实际购买力，使城市居民能够维持相对高水平的生活质量。

其次，制定相对较高的养老金计算比例。这个比例决定了个人在缴费基数的基础上可以获得多少比例的养老金。在城市地区，可以考虑设定较高的计算比例，以提高养老金的发放水平。例如，政府部门可以规定，城市居民在缴费基数的基础上可以获得较高比例的养老金，这样可以确保他们在退休后能够获得相对高水平的养老金待遇。

最后，考虑生活成本和消费水平。在确定养老金待遇标准时，政府部门应该考虑城市地区的生活成本和消费水平。城市居民通常面临较高的房租、交通费用和医疗开支，因此养老金待遇标准应该能够覆盖这些方面的支出。政府部门可以定期调查城市居民的生活成本，并根据调查结果来调整养老金标准，以确保养老金的发放水平与城市的实际情况相符。

2. 农村地区的养老金待遇

首先，考虑当地的平均工资水平。在农村地区，一般来说，平均工资水平相对较低。因此，政府部门可以根据当地的实际情况来设定养老金待遇标准。这可以通过将养老金的发放金额与当地的平均工资水平挂钩来实现，确保养老金待遇在一定程度上与农村地区的经济水平相适应，既能够提供必要的养老保障，又不会对地方财政造成巨大负担。

其次，基于最低生活费用标准确定养老金水平。政府部门可以根据当地的最低生活费用标准来确定养老金待遇水平。这意味着养老金的发放标准应该能够覆盖农村居民的最低生活开支，包括食品、住房、医疗等方面的费用。通过基于最低生活费用来确定养老金水平，可以确保老年人在退休后能够维持基本的生活水平，避免因经济困难而导致生活质量下降。

最后，提供额外的福利和服务。除了基本的养老金待遇，政府部门还可以考虑提供额外的福利和服务，以满足农村老年人的特殊需求。这可以包括医疗补贴、居家养老服务、社会关怀等方面的支持。通过提供这些额外的福利和服务，可以弥补农村地区养老保障体系的不足，提高老年人的生活质量。

3. 综合考虑因素

首先，考虑地区的经济发展水平是非常关键的。不同地区的经济状况存在差异，城市地区通常拥有更高的人均收入和更多的就业机会，而农村地区的收入水平较低。因此，在制定养老金待遇标准时，应该考虑到这些差异。政府部门可以通过比较各地区的平均工资水平、生活成本和经济增长率等指标来确定养老金的基准水平。这有助于确保养老金待遇与地区的经济情况相符，不会对某些地区造成不合理的财政压力。

其次，物价水平也是一个需要考虑的因素。不同地区的物价水平存在较大差异，城市地区通常物价较高，而农村地区较低。因此，政府部门在确定养老金待遇时，应该综合考虑当地的物价水平，以确保老年人能够维持相对稳定的生活水平。可以考虑建立物价指数调整机制，根据物价的变化来调整养老金的发放水平，从而应对通货膨胀的影响。

最后，社会保障水平也应该纳入考虑范围。不同地区的社会保障体系和社会服务水平存在差异，城市地区通常拥有更多的社会服务资源，如医疗、养老院、康复中心等。因此，政府部门可以考虑将这些社会服务因素纳入养老金待遇的评估中，以提高老年人在不同地区的生活质量。这可以通过提供额外的医疗补贴、社会关怀服务等方式来实现，以满足老年人的特殊需求。

（三）资金调剂机制

1. 确定调剂比例与标准

第一，考虑城乡经济差异。在确定资金调剂比例与标准时，首要考虑因素之一是城乡经济差异。城市地区通常拥有更高的平均工资水平和更多的高薪岗位，相对于农村地区，城市居民的养老保险缴费额度更高。因此，政府部门可以考虑将城市地区的资金调剂比例相对较高，以支持农村地区的养老保险制度。这有助于弥补农村地区养老保险基金的不足，确保农村老年人能够获得适当的养老金待遇。

第二，考虑人口老龄化情况。人口老龄化程度也是确定资金调剂比例与标准的重要考虑因素。地区内老年人口的比例高于全国平均水平的地区可能需要更多的资金支持。政府部门可以根据不同地区的老年人口比例制定差异化的资金调剂政策，确保老年人口较多的地区能够获得足够的养老金支持。

第三，定期评估与调整。资金调剂比例与标准应该具有一定的灵活性，并定期进行评估与调整。政府部门可以设立一个专门的委员会或机构，负责每年或每两年对城乡经济差异和人口老龄化情况进行全面评估。根据评估结果，可以相应地调整资金调剂比例，以适应不断变化的情况，确保资金的公平分配。

2. 资金调剂机构的设立

第一，多方参与的机构设置。资金调剂机构的合理设置至关重要。这个机构应该由政府部门相关部门、养老保险管理机构、经济学家、社会学家等多方参与，以确保决策的公正性和专业性。此外，还可以邀请社会各界代表参与，以提高决策的透明度和代表性。

第二，机构职责明确。资金调剂机构应该拥有明确的职责和权力。其主要职责包括制定资金调剂政策和标准、监督资金流向、进行定期审计、发布相关数据和报告等。这有助于确保机构能够有效履行其职责，维护资金调剂的公正性和透明度。

第三，独立性与中立性。为了保证资金调剂机构的中立性，政府部门应该确保其独立运作，不受干扰。机构成员的选拔应该基于专业背景和能力，而非政治因素。这样可以提高机构的独立性和决策的科学性，确保资金调剂工作的公平性。

3. 资金流向的监控与审计

第一，建立监控体系。政府部门应该建立有效的监控体系，用于追踪资金的流向和使用情况。这可以通过建立电子化的财务系统来实现，确保每一笔划拨的资金都能够被精确记录和监控。监控体系应该具备实时数据更新和报警机制，以及能够检测异常情况的能力。

第二，进行定期审计。定期审计是确保资金调剂工作合规性的关键步骤。政府部门可以委托独立的审计机构对资金调剂的流程和账目进行审计，以确保所有的资金使用都符合法规和政策规定。审计结果应该及时公布，供社会监督和公众查阅。

第三，严肃查处违规行为。政府部门应该建立严格的违规行为查处机制，对于滥用或挪用资金的行为进行追责和处罚。这不仅有助于维护资金调剂工作的公平性，还能够起到震慑作用，减少违规行为的发生。同时，还应该设立举报渠道，鼓励社会各界积极参与监督，揭露违规行为。

4. 资金调剂的周期性调整

第一，定期评估政策效果。政府部门应该设立评估机制，定期评估资金调剂政策的效果。这包括资金调剂对农村地区养老保险制度的支持效果、老年人的养老金待遇水平、参保率等指标的变化情况。评估的结果应该客观反映政策的成效，包括是否达到了减少城乡养老金待遇差距、提高老年人生活质量、促进社会和谐稳定等政策目标。

第二，根据评估结果调整政策。定期的评估结果应该成为政策调整的依据。政府部门可以根据评估结果，对资金调剂比例与标准进行相应的调整。如果某些地区或群体的养老金待遇水平仍然较低，可以考虑增加调剂比例，以更好地支持这些地区或群体。

第三，考虑长期稳定性。政府部门在进行资金调剂的周期性调整时，还需要考虑制度的长期稳定性。过于频繁或剧烈的调整可能会引发不稳定因素，影响养老保险制度的可持续性。因此，政府部门应该在平衡不同因素时保持审慎，确保政策的长期可行性和稳定性。

第四，参与社会各方。政府部门在资金调剂政策的周期性调整过程中，应该积极听取社会各方的意见和建议。可以举行听证会、专家座谈会等形式的活动，吸纳各界的观点和建议。这有助于政府部门制定更加全面、科学、合理的政策调整方案，提高政策的可接受性和执行力。

（四）信息共享与协作

1. 设立定期交流平台

为促进城乡养老保险制度的信息共享与协作，政府部门可以设立定期交流平台，以便不同地区的政府部门官员、专家学者和从业人员进行经验分享和交流。这一平台可以包括以下几个方面的内容：

第一，举办研讨会与座谈会。政府部门可以定期举办城乡养老保险制度的研讨会和座谈会，邀请来自不同地区的代表参与。这些会议可以围绕着制度整合的最新进展、政策创新、问题解决等主题展开讨论。会议不仅为各地区的代表提供了互相学习的机会，还可以搭建专业人士交流的桥梁，促进信息共享。

第二，建立在线交流平台。除了面对面的交流活动，政府部门还可以建立在线交流平台，供不同地区的从业人员和专家学者在虚拟空间中进行交流。这个平台可以包括在线研讨会、论坛、微博等功能，使参与者可以随时随地分享经验、讨论问题，并及时获取最新的政策动态和研究成果。

第三，专题调研与案例分享。政府部门可以组织专题调研团队，前往不同地区深入了解其养老保险制度的运行情况。调研团队可以撰写调研报告，分享不同地区的成功经验和面临的挑战。这些报告可以为其他地区的政策制定和改进提供有益的参考。

2. 成立专门工作组

为了更好地协调信息共享和协作事宜，政府部门可以成立跨地区的专门工作组，负责城乡养老保险制度的整合和优化。这个工作组的组成可以包括来自各地政府部门的代表、养老保险领域的专家和学者等，他们可以共同研究制度的问题，提出政策建议，并协调跨地区的合作。以下是工作组的主要职责：

第一，制定协作计划。工作组可以制定城乡养老保险制度整合的协作计划，明确各地区的分工和责任。计划可以包括政策协调、数据共享、培训交流等方面的内容，以确保各地区的工作有序推进。

第二，协调政策制定。政府部门可以委托工作组协调城乡养老保险制度的政策制定工作。工作组可以收集各地政策的实施情况和效果，提出政策改进建议，协调不同地区的政策，以实现制度的整合和协调发展。

第三，监督和评估。工作组可以建立监督和评估机制，对各地区的养老保险制度进行跟踪监测和评估。这有助于及时发现问题，提出改进措施，确保制度的正常运行和长期可持续发展。

3. 数据共享与报告编制

为了更好地支持城乡养老保险制度的信息共享与协作，各地政府部门可以建立数据共享和报告编制机制，以便不同地区之间共享养老保险制度的相关数据和经验。以下是相关机制的建设内容：

第一，数据标准和格式的统一。政府部门可以制定统一的数据标准和格式，以确保各地区的数据可以互通互联。这有助于减少数据转换和整合的成本，提高数据的质量和准确性。

第二，数据共享平台的建设。政府部门可以建立数据共享平台，供各地区的养老保险机构上传和共享相关数据。这个平台可以包括参保人员信息、养老金发放情况、财务状况等数据，以便不同地区的政府部门和研究机构进行访问和分析。

第三，报告编制与发布。政府部门可以委托专业机构或工作组编制城乡养老保险制度的报告，汇总各地区的养老保险数据和政策信息，进行综合分析和评估。这些报告可以定期发布，供各方参考，以推动信息共享和协作。

4. 跨地区培训与交流活动

为了提升不同地区的从业人员和专家学者的能力，政府部门可以组织跨地区的培训和交流活动，以分享最新的知识和经验。以下是相关活动的内容：

第一，培训课程的设计。政府部门可以根据不同地区的需求，设计培训课程，包括城乡养老保险制度的政策解读、运行管理、财务监管等方面的内容。这些课程可以由专家和从业人员授课，以确保培训的有效性和实用性。

第二，跨地区交流研讨会。政府部门可以举办跨地区的交流研讨，邀请不同地区的专家学者和从业人员参加。这些研讨会可以围绕特定主题展开，如养老保险制度改革、养老金投资管理等，促进专业知识和经验的交流。

第三，实地考察和案例分享。政府部门可以组织实地考察活动，安排不同地区的代表互相参观和学习。通过实地考察，参与者可以更深入地了解其他地区的制度运行和管理实践，从中获取启发和借鉴。

第四，知识分享平台的建设。政府部门可以建立在线知识分享平台，供各地区的从业人员和专家学者发布和讨论相关养老保险制度的知识和研究成果。这个平台可以包括文章、报告、案例分析等资源，为城乡养老保险领域的知识交流提供便捷途径。

第二节　城乡社会养老保险制度改革的政策措施和路径

一、政策调整与法规制定的措施

（一）全面评估现有政策

政府部门可以首先进行全面的政策评估，以了解当前城乡养老保险制度的运行情况、存在的问题和不足之处。这种评估可以包括以下几个方面的内容。

1. 制度运行情况

第一，参保率的评估。参保率是衡量养老保险制度参与程度的重要指标。政府部门需要评估不同地区的参保率，了解有多少居民参与了养老保险制度。较高的参保率通常意味着更多的人能够享受养老保险制度的福利，但也可能对养老金基金的财务可持续性构成挑战。

第二，缴费率的评估。缴费率是指参保人员和单位按照规定缴纳养老保险费用的比例。政府部门需要评估各地区的缴费率，确保参保人员和单位按照规定缴纳费用，以维护养老金基金的财务稳定。如果缴费率过低，可能导致基金短缺，影响养老金的发放。

第三，养老金的发放情况。政府部门需要评估不同地区的养老金发放情况，包括养老金的平均数额、发放及时性等。这有助于了解老年人实际获得的养老金待遇，确保养老金能够满足他们的基本需求。

2. 征收政策

第一，参保率的评估。参保率是衡量养老保险制度参与程度的重要指标。政府部门需要评估不同地区的参保率，了解有多少居民参与了养老保险制度。较高的参保率通常意味着更多的人能够享受养老保险制度的福利，但也可能对养老金基金的财务可持续性构成挑战。

第二，缴费率的评估。缴费率是指参保人员和单位按照规定缴纳养老保险费用的比例。政府部门需要评估各地区的缴费率，确保参保人员和单位按照规定缴纳费用，以维护养老金基金的财务稳定。如果缴费率过低，可能导致基金短缺，影响养老金的发放。

第三，养老金的发放情况。政府部门需要评估不同地区的养老金发放情况，包括养老金的平均数额、发放及时性等。这有助于了解老年人实际获得的养老金待遇，确保养老金能够满足他们的基本需求。

3. 养老金水平

首先，需要分析各地区的缴费标准。缴费标准是养老保险征收政策的核心，直接影响到个人和单位的缴费金额。不同地区的经济水平和生活成本差异巨大，因此缴费标准应该根据实际情况进行调整。在城市地区，由于较高的生活成本，通常较高的缴费标准可以保障养老金的充足。然而，在农村地区，生活成本相对较低，缴费标准可以适度降低，以减轻农村居民的负担。

其次，缴费比例的分析也至关重要。缴费比例是指个人和单位按照一定比例缴纳养老保险费用。在不同地区，政府部门可以根据实际情况设定不同的缴费比例。在城市地区，由于较高的工资水平，可以采取较高的缴费比例，以确保养老金的充足。而在农村地区，由于收入水平较低，缴费比例可以适度降低，以减轻农村居民的经济负担。

另外，需要分析税收政策对养老保险的影响。税收政策可以通过税收优惠或减免来鼓励个人和单位参与养老保险制度。政府部门可以考虑在税收政策中设定相应的激励措施，以提高养老保险的覆盖率和参与度。这可以包括个人和单位在缴纳养老保险费用时获得税收优惠，或者享受一定的税收减免。

最后，还需要综合考虑不同居民群体的特点和需求。不同年龄、收入水平、职业等居民群体可能对养老保险政策的影响有所不同。政府部门应该根据不同群体的特点制定差异化的政策，以确保养老保险政策的公平性和可行性。例如，可以考虑为低收入群体提供补贴，以帮助他们更容易参与养老保险制度。

（二）差异化政策

为了适应城乡养老保险制度的不同需求，政府部门可以考虑差异化政策的制定。这意味着在城市和农村地区分别制定一些政策，以满足各自的特殊情况。以下是一些可能的差异化政策。

1.缴费标准

首先，需要深入研究各地区的基础养老金发放标准。基础养老金是养老保险制度的核心组成部分，直接影响着老年人的生活质量。在不同地区，基础养老金的发放标准存在差异，这主要受到地区的经济发展水平和生活成本的影响。通常情况下，城市地区的基础养老金发放标准较高，以应对较高的生活成本，而农村地区的标准相对较低，因为生活成本较低。然而，需要分析这种差异是否合理，是否能够满足老年人的基本生活需求。如果差异过大，可能导致城乡老年人之间的待遇不均等，需要考虑逐步提高农村地区的基础养老金标准，以减少城乡之间的待遇差距。

其次，个人账户养老金的发放标准也需要进行详细研究。个人账户养老金通常是按照个人的缴费历史和账户累计金额来确定的，但不同地区的养老金发放标准也存在差异。这可能受到地区的缴费水平和投资收益率等因素的影响。需要分析这些差异是否合理，是否能够反映个人的缴费历史和贡献。如果存在不合理的差异，可能需要考虑统一个人账户养老金的发放标准，以确保制度的公平性。

再次，要考虑养老金的调整机制。由于通货膨胀和生活成本的变化，养老金的实际购买力可能会下降。因此，不同地区的养老金发放标准是否能够及时调整以适应通货膨胀是一个重要问题。政府部门应该考虑建立合理的调整机制，确保老年人的养老金能够保持其基本生活水平。

最后，需要综合考虑不同地区的经济发展水平、生活成本、社会保障水平等因素，以确定养老金的发放标准。政府部门可以设立机构或委员会，负责根据各项指标综合评估并确定养老金待遇的调整幅度，以保障待遇的合理性和稳定性。这种评估需要周期性进行，以反映经济和社会的变化。通过深入研究各地区的养老金发放标准及其合理性，政府部门可以更好地制定养老保险政策，确保老年人的经济安全和社会福祉。

2. 养老金水平

首先，针对城市地区的养老金水平，应考虑该地区的高生活成本和相对较高的工资水平。城市居民通常面临更高的租金、医疗费用和其他生活开支，因此需要相对较高的养老金水平来维持合理的生活质量。政府部门可以通过设定较高的基础养老金金额或者提高个人账户养老金的计算比例来实现。这样的政策举措有助于城市居民在退休后继续享受相对较高的生活水平，更好地满足其消费需求。

其次，对于农村地区的养老金水平，需要考虑到该地区的低生活成本和相对较低的工资水平。农村居民的生活成本通常较低，因此不需要过高的养老金标准。政府部门可以适度降低农村地区的养老金标准，以反映低消费水平。这可以通过确定较低的基础养老金金额或者减少个人账户养老金的计算比例来实现。通过这种方式，政府部门可以避免因过高的养老金标准导致养老保险基金的不合理压力，确保农村地区的养老金水平与当地的实际经济状况相匹配。

最后，政府部门可以采取不同的养老金计算方法来满足城市和农村地区的不同需求。在城市地区，可以考虑引入更多的个人账户养老金元素，以反映城市居民的个人缴费和投资贡献。而在农村地区，可以采用更多的基础养老金元素，以确保农村居民能够获得稳定的养老金待遇。这种差异化的计算方法可以根据不同地区的实际情况进行调整，以保证养老金水平的合理性和可持续性。

3. 补贴政策

首先，政府部门可以建立财政补贴政策，为农村地区的养老保险制度提供额外的财政支持。这些财政补贴可以用于弥补农村地区养老保险基金的不足，以确保老年人能够获得足够的养老金待遇。政府部门可以根据农村地区的经济发展水平、人口老龄化情况等因素制定财政补贴的标准和分配方式，以确保资金的合理分配和使用。

其次，政府部门可以设立专门的养老金财政补贴基金，用于接收各地区提供的养老金基金不足的部分。这个基金可以由中央政府部门或地方政府部门出资设立，负责向农村地区提供财政补贴。这种基金的建立有助于集中管理和调配资金，确保补贴的及时和有效发放。

再次，政府部门可以采用分级财政补贴政策，根据农村地区的具体情况进行差异化的资金支持。例如，政府部门可以根据农村地区的贫困程度和老年人口比例来确定财政补贴的额度，使补贴更有针对性地用于最需要的地区。这有助于确保资源的有效利用，满足农村地区的养老保险需求。

最后，政府部门还可以建立监督和审计机制，以确保财政补贴的合理性和透明度。监督机构可以对财政补贴的使用情况进行定期审计和评估，确保资金被用于支持农村地区的养老保险制度，避免滥用或浪费。透明的财政补贴政策能够增强公众对政府部门的信任，确保政府部门的支持得以充分利用。

（三）制度协调机制

为了协调城乡养老保险制度的政策，政府部门可以建立制度协调机制。这个机制可以由相关政府部门、专家学者和社会各界代表组成，负责协商和制定制度调整的方案。以下是建立制度协调机制的一些关键措施。

1.跨部门合作

不同部门在养老保险制度中扮演着不同的角色，包括财政部门、社会保障部门、卫生部门等，它们的决策和政策会直接影响到制度的运行和效果。因此，协同工作和协调是必不可少的，以确保各部门的政策在目标和方向上保持一致，避免出现政策冲突或不协调的情况。

首先，财政部门在城乡养老保险制度中扮演着关键的角色。它负责资金的分配和管理，确保养老金的充足和按时发放。在跨部门合作中，财政部门需要与其他部门协调，特别是社会保障部门，以确保养老金的经费得到妥善管理，不受浪费或滥用。此外，财政部门还需要协助在不同地区之间进行资金调剂，以保证城市和农村地区的养老保险基金得到合理分配。

其次，社会保障部门在城乡养老保险制度中扮演着运行和管理的核心角色。这个部门负责养老金的计算、发放和管理，以及参保人员的登记和资格审核等工作。在跨部门合作中，社会保障部门需要与财政部门和卫生部门等其他部门协调，确保各项政策的顺畅执行和落实。此外，社会保障部门还需要协助制定养老金的发放标准和调整机制，以满足不同地区的需求和老年人的生活水平。

最后，卫生部门在城乡养老保险制度中也有一定的职责。它需要确保老年人能够获得适当的医疗保健服务，以提高他们的生活质量。在跨部门合作中，卫生部门需要与社会保障部门协调，以整合医疗保健和养老保险服务，为老年人提供综合性的健康保障。此外，卫生部门还需要参与养老保险制度的健康管理和预防工作，以降低医疗费用的支出，确保养老金的可持续性。

2.区域代表参与

首先，召开地区代表会议是一种有力的方式，可以促进不同地区之间的信息交流和合作。这些会议可以定期举行，旨在让来自城市和农村地区的政府部门官员、社会团体代表、专家学者等聚集一堂，就养老保险制度整合的相关问题进行深入讨论和协商。这种面对面的交流平台有助于各方更好地理解其他地区的情况和需求，共同探讨如何协调制度政策，以实现整合的目标。

其次，政府部门可以设立专门的反馈机制，以听取各地区的建议和意见。这个机制可以包括建立在线反馈渠道、开设咨询热线、组织公开听证会等方式，以便各地区的政府部门、社会组织和个人能够提出关于城乡养老保险制度的建议和问题。政府部门需要确保这些建议得到认真考虑和回应，以增强各地区代表的参与感和满意度。

再次，建立地区代表参与的机制需要高度透明和公正。政府部门可以设立独立的机构或专门的委员会，负责组织和管理地区代表的参与过程。这个机构或委员会应该具有一定的权威性和独立性，以确保代表的利益得到保护。此外，政府部门还需要建立明确的程序和标准，以确保地区代表的选举或委任是公平和公正的，以维护整个协调机制的公信力。

最后，地区代表的参与应该是一个长期和持续的过程。政府部门需要确保代表们可以在城乡养老保险制度政策的各个阶段都能够发表意见和建议。这需要建立稳定的合作关系，以促进城乡养老保险制度的长期稳定和可持续发展。政府部门可以设立固定的协调机制会议，以便代表们能够持续地参与政策制定和调整的过程中，为老年人提供更好的养老保障。

3.定期评估和调整

首先，定期评估和调整是城乡养老保险制度整合的重要环节，旨在不断改进和优化制度以满足老年人和参保人员的需求。这一过程需要明确的时间表和具体的评估方法。政府部门可以设立一个专门的机构或委员会，负责定期评估养老保险制度的各个方面，并提出政策建议。这个机构应该由具备相关专业知识和经验的专家学者组成，以确保评估的客观性和专业性。

其次，评估的内容应包括养老保险制度的各个方面，如参保率、缴费率、养老金发放情况、基金的财务状况等。评估过程应该充分考虑不同地区的特点和差异，以便更好地理解制度在不同地区的表现。政府部门可以制定一套全面的评估指标和方法，以便比较和分析不同地区的数据。

再次，需要建立一个透明和公开的评估过程，以确保各方的参与和监督。这包括向公众公开评估的结果和建议，以及举行听证会或研讨会，邀请各方提出意见和建议。透明的评估过程可以提高政策的合法性和可接受性，增加各方的满意度。

最后，评估的结果应该导致政策的调整和优化。政府部门需要制定明确的政策调整机制，以确保评估结果得到充分考虑，并反映在实际政策中。可以设立一个政策调整委员会，由各相关部门和地区的代表组成，负责制定和实施政策调整方案。这个委员会应该定期召开会议，审议评估结果，并提出相应的政策建议。政府部门还需要确保政策的调整是灵活和适时的，以适应不断变化的社会和经济环境。

二、制度改革的渐进路径

养老保险制度改革是一个复杂而漫长的过程，需要政府部门采取逐步推进的渐进路径，以确保改革的可行性、有效性和社会稳定。以下是制度改革渐进路径的几个重要阶段：

（一）阶段性试点

政府部门可以通过在特定地区进行阶段性试点来评估改革方案的可行性和效果。在试点地区，可以集中资源，深入探索制度改革的细节和可能的问题，为后续的全面推广积累经验。试点阶段不仅有助于评估改革的实施效果，还可以吸取实践中的教训，为改进方案提供有力支持。

1.试点地区的选择与意义

试点地区的选择是城乡社会养老保险制度整合过程中的关键一步，应综合考虑多个因素，包括地理位置、经济发展水平、人口规模、养老保险发展程度等。试点地区的选择具有重要的意义，如下所示：

首先，代表性意义。试点地区应具备代表性，能够反映全国范围内的差异和潜在问题。通过在不同类型的地区进行试点，政府部门可以更好地了解城乡社会养老保险制度在不同背景下的运行情况，为整合提供有力的数据支持。

其次，风险控制意义。试点地区的选择也可以帮助政府部门控制改革风险。在试点过程中，政府部门可以更加集中资源，关注试点地区的养老保险制度运行情况，及时发现和解决问题，降低改革的风险。

再次，政策效果评估意义。通过选择试点地区，政府部门可以更容易地进行政策效果评估。可以在试点地区实施一系列改革措施，并及时评估其效果，为后续改革提供宝贵的经验教训。

最后，公众认可度意义。试点地区的选择也可以提高公众的认可度。试点地区的成功经验可以作为改革的典范，为公众提供直观的感受，增强改革的可行性和合法性。

2.资源集中和深入探索

在试点阶段，政府部门可以采取资源集中和深入探索的策略，以更好地推动改革进程。

首先，资源集中。政府部门可以集中资源，将更多的政策支持和财政资金投入试点地区。这可以包括增加资金投入、派遣专业人员、建立示范项目等方式，以确保试点地区的改革顺利进行。

其次，重点关注。政府部门可以重点关注试点地区的实际情况。通过深入研究和了解试点地区的养老保险制度运行情况，政府部门可以更好地把握问题的本质，为制度改革提供有针对性的政策建议。

再次，深入探索。政府部门可以积极借助专业机构、学者和从业人员的专业支持，对制度改革的细节进行深入探索。这包括制定详细的改革方案、开展政策模拟和实验等方式，以全面了解改革的可能影响和挑战。

通过资源集中和深入探索，政府部门可以更好地应对试点阶段可能遇到的问题，为整合城乡社会养老保险制度提供更有力的支持和保障。这将有助于确保改革的顺利进行和取得积极的效果。

（二）逐步扩大范围

1. 渐进性地实施

在逐步扩大范围的过程中，政府部门可以采取渐进性的实施策略，以确保改革的平稳推进和风险的可控。

首先，选择试点地区。政府部门可以首先选择一些具有代表性的试点地区，包括城市和农村地区、不同经济水平的地方、不同人口规模的区域等。这些地区将成为改革的先行者，通过其经验积累为后续扩大范围提供参考。

其次，逐步扩大范围。政府部门可以根据试点地区的实际情况，逐步扩大改革的范围。在扩大范围之前，政府部门应充分评估试点地区的改革效果和问题，并据此调整改革方案。逐步扩大范围有助于减少风险，确保改革的稳妥进行。

再次，重视问题解决。在扩大范围的过程中，政府部门应重视问题的解决。不同地区可能存在不同的问题和挑战，政府部门需要积极采取措施，及时解决困难和障碍，确保改革的连续性。

最后，政策的适度调整。政府部门在逐步扩大改革范围的同时，也需要适度调整政策。根据不同地区的实际情况和反馈意见，政府部门可以对政策进行微调和优化，以提高改革的适应性和可行性。

2. 充分准备与资源保障

在扩大范围之前，政府部门需要进行充分的准备工作，以确保改革的顺利进行和资源的充分保障。

首先，制定详细的推广方案。政府部门应制定详细的扩大范围推广方案，包括具体的时间表、任务分工、政策措施等。这有助于明确改革的路径和目标。

其次，明确责任分工。政府部门和相关机构需要明确各自的责任和任务，确保改革的有序推进。同时，需要建立协调机制，促进各部门之间的密切合作。

再次，资源调配。政府部门需要合理调配人力资源和财政预算，以支持改革的推进。这可能包括增加改革所需的人员编制、提供培训和技术支持等。

最后，应对风险预案。政府部门还需要制定应对风险和问题的预案，以应对可能出现的挑战。这可以包括制定危机管理计划、建立问题解决机制等。

通过充分的准备和资源保障，政府部门可以确保改革的平稳推进和问题的及时解决，为城乡社会养老保险制度整合提供坚实的基础。这将有助于改革的成功实施和取得积极的效果。

（三）经验借鉴和优化

1. 国际比较与借鉴

政府部门可以通过国际比较研究来深入了解其他国家或地区养老保险制度的成功经验，为我国改革提供有益启示。

首先，分析其他国家的特点和优势。政府部门可以研究那些在养老保险制度方面表现出色的国家，了解其制度设计、资金管理、养老金待遇水平等方面的特点和优势。例如，瑞典的养老金制度在资金投资和长期稳定增值方面取得了成功，这可以为我国的养老基金管理提供借鉴。

其次，汲取成功案例的经验。政府部门可以从其他国家或地区的成功案例中汲取经验，了解其成功的原因和机制。例如，新加坡的养老保险制度充分利用了个人储蓄账户和国家储备基金，确保了养老金的充足和可持续性。这种经验可以为我国的制度设计和资金管理提供启示。

最后，学习其他国家的问题应对方法。政府部门还应该关注其他国家或地区在养老保险制度改革过程中遇到的问题和挑战，以及其应对方法。通过学习问题解决的经验，我国可以更好地应对改革中可能出现的困难。例如，日本在人口老龄化方面面临的挑战，可以为我国提供应对老龄化问题的策略和方法。

2. 问题分析与优化方案

政府部门在借鉴其他国家或地区的经验时，需要进行问题分析，并根据我国的国情制定优化方案。

首先，深入分析成功经验的原因。政府部门应当深入分析其他国家或地区成功经验背后的原因和机制。这可以帮助我们更好地理解成功经验的本质，为我国的改革提供更为精准的指导。例如，如果一国成功的原因是其强大的资金管理机构，那么我国可以考虑强化养老基金的管理机构以提高资金的稳健运作。

其次，制定适应国情的优化方案。政府部门应根据我国的实际情况，制定出更为符合国情的改革方案。这包括在制度设计、资金管理、待遇调整等方面进行优化。例如，可以根据我国的经济水平和就业情况，制定不同地区的缴费标准和养老金待遇水平，以保证改革的可行性和公平性。

最后，强化问题解决机制。政府部门应建立健全的问题解决机制，确保在改革过程中及时应对可能出现的问题。这包括建立投诉和举报渠道，设立专门的问题解决团队，为参与改革的各方提供支持和帮助。

通过国际比较与借鉴，以及问题分析与优化方案的制定，政府部门可以更好地指导养老保险制度的改革，确保改革的成功实施和取得积极的效果。这将有助于提高我国养老保险制度的可持续性和适应性，满足老年人口的养老需求。

（四）定期评估和调整

1. 建立评估指标体系

政府部门在建立评估指标体系时，应考虑以下几个方面：

首先，养老保险的覆盖范围。评估指标体系应包括参保人口的数量和覆盖范围，以确保更多的城市和农村居民能够参与到养老保险制度中。

其次，参保率和缴费情况。政府部门需要监测参保率和缴费情况，以确保养老保险制度的健康运行。这包括定期统计参保人数、缴费金额和缴费率等数据。

再次，养老金发放情况。评估指标体系应包括养老金的发放情况，包括发放金额和按时发放率等指标，以确保养老金待遇的及时和合理发放。

最后，制度公平性。政府部门还应关注制度的公平性，评估指标体系可以包括不同地区和群体之间的待遇差距和公平性，以确保改革的目标达到均等化。

2. 定期数据收集与分析

政府部门在定期数据收集与分析方面应考虑以下几个要点：

首先，建立数据收集机制。政府部门需要建立健全的数据收集机制，确保各级统计部门、社会保障部门等能够及时、准确地收集养老保险相关数据。这可能需要采用信息化技术和数据共享平台来加强数据的汇总和整合。

其次，数据质量控制。政府部门应确保数据的质量和准确性，避免数据失真和错误。这包括对数据收集过程进行监督和审核，确保数据的可信度。

再次，数据分析和挖掘。政府部门需要组织专业团队对数据进行深入分析和挖掘，发现数据背后的问题和趋势。这可以通过数据分析工具和技术来实现，以提供决策支持。

最后，问题识别和解决。政府部门应根据数据分析的结果，及时识别出可能存在的问题和挑战，并采取相应的解决措施。这可能包括调整政策、加强监管、改进制度等方面的举措。

3. 定期评估报告发布

政府部门在定期评估报告发布方面应考虑以下几个要点：

首先，报告的透明度。政府部门应确保评估报告的透明度，将评估结果以清晰、简明的方式向社会公开。报告中的数据和分析应当具备客观性和可信度，以增强公众对报告的信任。

其次，问题识别和解决。报告应明确识别出存在的问题和挑战，并提出解决问题的建议和措施。可以通过报告来与社会公众分享问题的诊断和解决方案，形成共识。

再次，政府部门的应对措施。政府部门应当总结已经采取的调整措施和政策变化，并说明其对改革的影响。这可以帮助社会公众了解其应对策略和决策。

最后，持续改进。政府部门应当将评估报告作为改进养老保险制度的工具，不断完善评估指标体系和数据收集机制，以提高评估的有效性和及时性。还应当根据评估结果，不断调整改革方案，以满足老年人口的养老需求和社会发展的需要。

（五）社会参与和意见征集

1. 多元化的参与形式

政府部门应积极探索多元化的社会参与形式，以确保各方都有机会参与改革讨论和决策。

首先，可以组织听证会，邀请专家学者、社会组织代表、企业界代表和普通公众等不同利益相关方参与。听证会是一个公开的平台，各方可以在会议上提出意见、建议和批评，以促进公开透明的改革进程。

其次，可以举办座谈会和研讨会，专门邀请专家学者和相关行业的从业者参与，深入讨论改革的技术和政策细节。这些活动有助于形成具体可行的改革方案，减少潜在的问题和争议。

此外，还可以借助现代科技，建立在线平台，鼓励公众在线提交意见和建议。这样可以扩大意见征集的范围，使更多人能够参与改革讨论，特别是那些无法亲临听证会或座谈会的人。

2. 广泛征集意见

政府部门在广泛征集意见方面应采取以下措施：

首先，建立完善的征集渠道。可以设立专门的网上平台，方便公众在线提交意见和建议。同时，还可以设立意见信箱，接收书面反馈，为不同人群提供多样化的反馈途径。

其次，发布征集公告。应当发布征集公告，告知公众关于改革的重要信息，包括改革目的、方案大纲和征集意见的截止日期。这有助于引导公众关注和参与改革。

再次，社区和基层征集。可以走进社区、农村，开展宣传和征集活动，特别是那些可能受到改革影响较大的地区。通过与基层居民面对面的交流，政府部门可以更好地了解他们的需求和关切。

3. 专业意见的借鉴

政府部门应高度重视专业意见的借鉴，以确保改革方案的科学性和可行性。

首先，邀请专家学者参与。可以邀请法律专家、经济学者、社会保障专家等专业人士参与改革讨论和评估。他们可以提供有深度的分析和建议，帮助政府部门更好地理解改革的影响和挑战。

其次，设立专门的咨询委员会。专门咨询委员会由专家学者组成，负责评估改革方案并提出建议。这样的委员会可以独立性地评估政府部门的政策，减少一些因素的干扰。

最后，国际经验借鉴。可以借鉴国际经验，特别是那些已经成功实施养老保险改革的国家。通过学习其他国家的经验和教训，政府部门可以更好地规划改革的路径和策略，避免重复他人的错误。

第三节　实施过程中的问题和挑战

一、制度整合过程中的困难

（一）城乡差异问题

1. 城乡经济发展水平的差异

城市地区通常具有更高的经济发展水平，更多的就业机会和更高的平均工资水平，相比之下，农村地区的经济相对滞后，农民的收入水平较低。这种经济差异导致城市和农村居民的养老保险缴费能力存在明显不平等。

第一，就业机会不均等。城市地区相对于农村地区通常拥有更多的就业机会，吸引着大量年轻人前往城市寻找工作。这导致了农村地区的劳动力外流，特别是年轻人纷纷离开农村，前往城市就业，这一现象被称为农村"留守老人"问题。由于年轻人的外出工作，农村地区的养老保险缴费人口减少，导致缴费基数不断减小。

第二，工资差距。城市的平均工资水平通常高于农村。城市居民因此更容易负担较高的养老保险缴费。相比之下，农村地区的工资水平较低，很多农民可能只能支付有限的养老保险费用，这导致了城乡养老金待遇的不平等。这种工资差距也导致了养老金缴费能力的差异。

第三，经济结构不平衡。城市地区的经济结构通常更加多元化，包括制造业、服务业、金融业等多个领域，这使得城市居民有更多的就业机会。相比之下，农村地区的经济主要以农业为主，缺乏多样性。这种经济结构的不平衡导致了农村地区的就业机会相对较少，增加了养老保险缴费的困难。

2. 人口结构的差异

城市通常具有更高的人口密度和更多的年轻劳动力，而农村地区可能面临着人口老龄化问题和人口外流。城市地区的年轻人更多地参与养老保险，缴费人数较多，而农村地区的参保人数较少。这导致制度整合后，城市和农村地区的养老金支出需求差异较大。城市地区需要支付更多的养老金，而农村地区可能无法满足老年人的基本养老需求。

第一，人口外流问题。农村地区面临着人口外流的挑战，特别是年轻人前往城市寻找就业机会。这导致了农村地区的劳动力减少，相应的养老保险缴费人口也在减少。这种人口外流可能导致农村地区的养老保险制度难以维持，老年人的养老待遇可能无法得到保障。

第二，城乡人口结构差异。城市和农村地区的人口结构存在差异。城市地区的人口相对更加年轻，而农村地区的人口年龄普遍较大。这意味着城市养老保险制度可能需要面对更长时间的养老金支付，而农村地区则需要支付养老金的人口数量可能较多，但缴费人数较少。

3. 社会需求的不同

第一，医疗保障需求差异。城市居民通常更容易获得高质量的医疗保健服务，包括医院和专家的就医机会。他们可能对全面的医疗保障和医疗费用的报销有更高的期望。而农村地区的老年人面临医疗资源不足、医疗设施落后以及就医成本高的问题，他们更需要充分的医疗保障来满足基本的健康需求。

第二，社会服务需求差异。城市居民通常能够更容易获得社会服务，如社区养老中心、文化娱乐设施等。他们可能更依赖这些服务来提高生活质量和满足社交需求。农村地区的老年人可能面临社会服务供给不足的问题，他们更需要政府部门的支持来改善社会服务设施和资源。

第三，经济需求差异。城市和农村地区的老年人在经济需求方面也存在差异。城市老年人可能需要更多的金融服务和投资渠道，以维护其财务安全和养老金的增值。而农村地区的老年人可能更依赖政府部门的社会福利和基本生活补贴，以满足基本的生活需求。

（二）资金调剂问题

1.基金累积水平的差异

资金调剂问题的核心在于不同地区的养老保险基金累积水平存在明显的差异。一些大城市和发达地区的养老保险基金可能积累了相当可观的资金，而一些农村地区的基金相对较低。这种差异主要是由于城市地区的较高工资水平和更多的缴费人口，使其养老保险基金得以快速积累。相比之下，农村地区的基金积累速度相对较慢，缴费人口较少，导致基金累积水平不足以覆盖养老金支出。

第一，工资水平差异。城市地区通常具有更高的平均工资水平，这意味着城市居民的养老保险缴费金额相对较高。相比之下，农村地区的平均工资较低，导致缴费金额有限。这种工资水平差异直接影响了不同地区基金的累积水平。

第二，缴费人口差异。城市地区通常拥有更多的就业机会，吸引了大量年轻人前往就业。这导致城市地区的缴费人口相对较多，每年向养老保险基金缴纳更多的资金。农村地区的人口流动性较低，缴费人口相对较少，因此基金的缴纳金额较低。

第三，就业结构差异。城市地区通常有更多的产业和服务部门，提供了更多的就业机会。这导致城市居民的就业更加稳定，可以持续缴纳养老保险。相比之下，农村地区的就业结构可能较为单一，农民的就业不稳定性较高，导致他们更难持续缴纳养老保险。

2.风险分担与资金调剂

第一，不同地区的风险差异。不同地区面临的风险可能存在差异。例如，城市地区可能更容易面临经济波动和就业问题，而农村地区可能更容易受到自然灾害和农业收成的影响。因此，不同地区的风险情况需要充分考虑，以确定资金调剂的比例和机制。

第二，资金调剂的公平性。在进行资金调剂时，必须确保公平性。这意味着不同地区的养老保险基金应该根据其风险水平和缴费能力来确定调剂的比例。这需要建立客观的指标来评估不同地区的风险情况，以避免不公平的分担。

第三，政策制定的挑战。确定资金调剂比例和机制是一个政策制定的挑战。政府部门需要平衡不同地区的利益，同时考虑整个制度的可持续性。这可能需要制定详细的政策和法规，以确保风险分担和资金调剂的合理性和公平性。

3.资金调剂的公平性与合法性

第一，公平性问题。资金调剂必须考虑不同地区的风险和缴费能力，以确保公平性。公平性体现在以下几个方面：一是，风险平衡。资金调剂应基于不同地区的风险差异。例如，城市地区可能更容易面临经济波动和就业问题，而农村地区可能更容易受到自然灾害和农业收成的影响。因此，应考虑不同地区的风险情况，以确定调剂比例。二是，缴费能力。资金调剂的公平性还涉及不同地区的缴费能力。城市地区通常具有更高的工资水平和更多的就业机会，因此缴费能力更强。农村地区的缴费能力相对较低。调剂比例应根据不同地区的缴费能力来确定，以确保不同地区都能够承担适当的养老保险缴费。三是，社会公平。资金调剂还应考虑社会公平。资金的调剂不应过于偏向某些地区或阶层，以免引发社会不公平感和不满。政府部门需要确保调剂政策的透明度，公开披露有关调剂比例和机制的信息，以增强公众对政策的信任。

第二，合法性问题。资金调剂的合法性涉及政府部门的政策和法规遵从。

一是，法律依据。资金调剂政策必须建立在明确的法律依据之上。政府部门应当通过立法程序明确规定资金调剂的法律依据，并确保政策符合国家法律法规的规定；二是，透明度。资金调剂的过程和机制应当公开透明。政府部门需要向公众提供关于调剂政策的详细信息，包括调剂比例的制定过程、各地区的缴费能力和风险情况等，以确保政策的透明度；三是，合规性。资金调剂政策必须合规，不得违反国家法律法规的规定。政府部门应当确保政策的合法性，避免出现与法律相抵触的情况。

（三）制度衔接问题

1. 不同地区制度差异

第一，参保范围差异。不同地区的养老保险制度可能涵盖不同的人群。在城市地区，参保范围通常更广泛，包括各类企业职工和城镇居民。而在农村地区，参保范围可能较窄，主要集中在农村居民和农村合作社成员。这种差异可能导致整合后一些人失去了原有的养老保险权益。第二，待遇计算方法的差异。不同地区的养老金待遇计算方法可能存在较大的差异。城市地区的计算方法通常与工资水平挂钩，因此待遇较高。而农村地区的计算方法可能更加简单，待遇较低。整合后，如何统一待遇计算方法，以确保公平性是一个重要问题。第三，缴费标准的变化。不同地区的养老保险制度可能有不同的缴费标准。城市地区的缴费标准通常较高，由于高工资水平，而农村地区的缴费标准相对较低。整合后，如何调整和统一缴费标准，以确保制度的可持续性和公平性，是一个需要解决的难题。

2. 参保人员权益保障

第一，平滑过渡问题。在制度整合中，原有制度的参保人员面临平滑过渡的问题。他们可能已经依据原有制度的规定缴纳了养老保险费用，并且期望在退休后能够按照原有政策获得养老金待遇。然而，制度整合可能导致政策的变化，可能涉及缴费标准、待遇计算方法等方面的调整。如果过渡不平滑，可能会损害原有参保人员的权益，引发社会不满。第二，权益损失问题。一些原有参保人员可能会因为制度整合而失去原有政策下的某些权益。例如，如果整合后的政策对缴费标准或待遇计算方法有所变化，一些人可能会发现他们原本期望的养老金水平受到了影响。这可能引发权益损失的不满和争议。第三，不确定性问题。制度整合可能带来不确定性，特别是对于已经接近退休年龄的人。他们可能无法确定在退休后能够享受到怎样的养老金待遇，因为整合后的政策可能会有变化。这种不确定性可能会影响人们的退休规划和决策。

3. 一致性和公平性

第一，不同地区政策差异问题。不同地区可能面临不同的社会和经济挑战，因此政府部门在整合养老保险制度时需要协调各地区的政策，以确保制度具有一致性。然而，不同地区原有的政策和制度可能存在差异，包括参保范围、待遇计算方法、缴费标准等。如何平衡这些差异，以确保整合后的制度一致性，是一个需要解决的问题。第二，公平性问题。整合后的制度必须确保公平性，不偏袒某些地区或人群。如果制度整合导致某些地区或人群的权益受损，可能会引发社会不公平感和不满情绪。政府部门需要确保所有参保人员都能够享受到平等的养老保险权益，而不受到其所在地区或社会地位的影响。第三，政策协调问题。为了确保一致性和公平性，政府部门需要协调不同地区的政策。这可能包括统一缴费标准、统一待遇计算方法、制定统一的参保规则等。然而，政策协调需要面对不同地区和利益相关者的多样化需求和利益冲突，如何协调各方的立场是一个复杂的问题。

（四）信息共享问题

1. 隐私和安全性问题

第一，个人敏感数据的涉及问题。整合养老保险制度需要大量个人敏感数据的共享，包括身份证号码、银行账户、医疗记录等。这些数据可能会在整合过程中被多个机构和部门共享和传输，存在被泄漏或滥用的潜在风险。第二，数据隐私问题。个人数据的隐私性是一个重要的问题。参保人员担心他们的个人信息可能被滥用，或者未经授权的个人信息披露。这可能导致隐私权的侵犯，破坏对整合制度的信任。第三，安全性问题。养老保险制度需要建立高度安全的信息系统，以保护个人数据免受黑客攻击、数据泄漏或滥用的风险。如果系统安全性不足，可能会导致数据泄露，损害参保人员的权益和社会稳定。

2. 技术难题

第一，数据格式的兼容性问题。不同地区和部门可能使用不同的数据格式和数据标准来存储和管理信息。这种格式差异会导致在整合过程中数据的不兼容性，需要解决数据格式转换和兼容性的技术问题。第二，信息系统的互通性问题。整合养老保险制度需要不同信息系统之间的互通性，以便数据能够顺畅传输和共享。信息系统的互通性包括数据接口的开发、协议的制定、数据交换的实时性等方面的技术问题。第三，数据传输的稳定性问题。数据的传输需要高度稳定的网络和通信设施。任何数据传输的中断或失败都可能导致信息共享的中断，因此需要确保数据传输的稳定性和可靠性。

3. 数据质量问题

第一，数据标准的不一致性。不同地区和部门可能采用不同的数据标准和数据格式，导致数据不一致性的问题。这包括数据字段的定义、单位的标准、数据命名规则等方面的不一致。第二，数据准确性问题。数据在采集、传输和存储过程中可能出现错误，导致数据的准确性受到威胁。这可能包括人为错误、系统故障、数据丢失等问题。第三，数据完整性问题。数据完整性是指数据是否完整、完整性约束是否受到保护。数据在传输和存储过程中可能出现丢失、截断等问题，导致数据不完整。

（五）政策调整问题

1. 社会关切和争议

第一，老年人关切养老金水平下降。政策调整可能导致老年人关切他们的养老金水平会下降，特别是在初期阶段。他们可能担心原有的待遇不再得到维护，可能需要降低生活水平或寻找其他方式来弥补养老金的减少。第二，老年人担忧制度的稳定性。老年人可能对整合后的养老保险制度的稳定性感到担忧。他们担心政府部门能否保障制度的可持续性，以便继续支付养老金，确保他们的养老生活不受影响。第三，缴费人员反对标准提高和待遇计算变化。一些缴费人员可能不满政策调整中的缴费标准提高或待遇计算方法的变化。他们可能认为这会增加他们的经济负担，而没有相应的回报。

2. 政策的可行性和公平性

第一，政策的可行性。养老保险制度的改革必须确保长期的可持续性，以满足不断增长的老年人群体的需求。以下是关于政策可行性的一些关键考虑因素：一是养老基金的稳定性。政府部门在制定政策时需要评估养老基金的长期稳定性。这包括估算未来的基金收入和支出，以确保基金不会面临枯竭的风险。政策调整应该根据基金的实际情况进行，以确保基金的持续健康。二是经济增长和就业情况。政府部门需要考虑国家的经济增长和就业情况，因为这将影响养老保险制度的财政可行性。经济繁荣和就业增加有助于提高养老基金的收入，从而支持更高水平的养老金待遇。三是缴费标准和比例。政府部门可以通过调整缴费标准和比例来提高养老基金的可持续性。例如，在城市地区，可以适度提高缴费标准，以反映高消费水平，而在农村地区，可以采取相对较低的标准，以减轻农民的经济负担。四是投资管理策略。政府部门可以优化养老基金的投资管理策略，以获取更高的收益率。这包括选择合适的资产配置，降低投资风险，确保基金的长期增值。

第二，政策的公平性。政策调整还需要确保公平性，以保障不同群体的权益。老年人的福祉和生活质量应该是政策调整的关注焦点之一。以下是关于政策公平性的一些关键考虑因素：一是弱势群体的保护。政府部门在调整政策时需要特别关注低收入老年人和困难地区的居民。这些群体可能更容易受到政策调整的不利影响，因此需要采取措施，确保他们的基本生活需求得到满足。二是差异化政策。政府部门可以考虑差异化的政策措施，以满足不同群体的需求。例如，在城市地区，可以制定相对较高的养老金待遇标准，以应对高生活成本，而在农村地区，可以适度降低养老金标准，以反映低消费水平。三是社会保障网络。政府部门可以通过建立健全的社会保障网络来提高政策的公平性。这包括提供医疗保障、住房保障等服务，以减轻老年人的生活压力。四是参与和透明度。政府部门应该建立参与机制，允许老年人和相关利益相关者参与政策制定和监督。同时，政策调整的过程应该保持透明，确保公众能够了解政策的变化和影响。

二、解决途径和策略

（一）差异化管理策略

针对城乡差异，可以制定差异化的管理策略来解决在制度整合中可能出现的问题。城市和农村地区具有不同的经济特点和社会现实，因此在管理养老保险制度时可以采取不同的策略。

1. 城市地区

首先，维持较高的个人和单位缴费标准。在城市地区，政府部门可以考虑维持相对较高的个人和单位缴费标准，以确保养老保险基金的稳定筹集。这主要基于以下几个理由：一是高收入水平。城市地区的居民通常具有较高的平均收入水平，相对更容易承担较高的缴费标准。因此，提高缴费水平有助于保障养老金的充足性。二是高就业机会。城市地区拥有更多的就业机会和更低的失业率，这意味着更多的人可以参加养老保险，并能够承担相对较高的缴费水平。三是生活成本高。城市地区的生活成本通常较高，包括住房、医疗和教育等方面的费用。因此，需要相对较高的养老金来维持较高的生活水平。四是长寿风险。城市居民通常更容易获得更好的医疗保健和生活条件，因此可能会面临更长的寿命。这意味着需要更多的养老金来应对较长的退休年限。

其次，引入更多的投资渠道。政府部门可以考虑将养老保险基金投资于不同的资产类别，以增加基金的收益来源。以下是一些可能的投资渠道：一是股票市场。政府部门可以鼓励基金投资于股票市场。股票市场通常具有较高的回报潜力，尤其是长期投资。然而，股票市场也伴随着风险，需要制定科学的投资策略来管理风险。二是债券市场。债券投资相对稳定，具有固定的利息收益，为基金提供稳定的现金流。政府部门可以考虑购买政府部门债券、企业债券等固定收益证券，以获得稳定的投资回报。三是房地产投资。房地产市场可以作为多样化投资组合的一部分，为基金提供稳定的资本增值和租金收益。四是基础设施投资。基础设施项目，如公路、桥梁、电力和水资源等，可以作为长期投资的选择，为基金提供稳定的回报。

最后，建立专业的基金投资管理机构。为了有效地管理养老保险基金的投资组合，政府部门可以建立专业的基金投资管理机构。这个机构可以由经验丰富的专业人员组成，负责制定和执行投资策略，监督资产配置，并确保基金的长期稳健增值。政府部门还可以建立投资决策委员会，由专家和从业人员组成，为投资策略提供专业意见。

城市地区的养老保险基金可以通过维持较高的缴费标准、引入更多的投资渠道和建立专业的基金投资管理机构来实现长期稳健增值，以满足城市居民的养老金需求。这些措施可以确保基金的可持续性和养老金的充足性。

2. 农村地区

首先，阶段性提高缴费水平。农村地区的居民通常具有相对较低的收入水平，因此政府部门需要采取谨慎的缴费策略，以确保他们能够负担得起养老保险制度。以下是关于阶段性提高缴费水平的一些措施：一是制定合理的缴费计划。政府部门可以制定一个合理的缴费计划，将缴费水平分为若干个阶段，逐步提高缴费金额。这样可以让农村居民逐步适应养老保险制度，避免一次性较大的负担。二是提供缴费补贴。对于那些经济困难的农村居民，政府部门可以考虑提供缴费补贴，以减轻他们的经济负担。这可以通过设立社会救助机制或贫困户帮扶计划来实现。三是教育和宣传。政府部门可以开展教育和宣传活动，向农村居民解释养老保险的重要性和缴费政策，帮助他们了解制度并做好养老金规划。

其次，农村社会养老保险试点。农村地区的经济、社会和文化环境与城市地区存在显著差异，因此需要针对农村特点制定适合的养老保险制度。以下是关于农村社会养老保险试点的一些措施：一是地方性试点项目。政府部门可以选择一些农村地区作为试点，根据实际情况探索不同的保障模式。这些试点可以针对农村集体经济组织、农田、农产品等特定资源，制定相应的养老保障方案。二是农村集体经济组织参与。鉴于农村地区普遍存在农村集体经济组织，政府部门可以鼓励这些组织参与养老保险制度。农村集体经济组织可以作为养老金的来源之一，为居民提供更多的养老保障。三是贴近农村生活的养老保障方式。政府部门可以根据农村居民的实际需求，设计贴近农村生活的养老保障方式，例如农产品兑换、服务券发放等。四是鼓励居民参与。政府部门可以鼓励农村居民积极参与养老保险制度的建设和管理，增加他们对制度的参与感和归属感。

通过阶段性提高缴费水平和农村社会养老保险试点，政府部门可以更好地满足农村地区居民的养老需求，确保他们能够享受到合适的养老保障，同时保障养老金制度的可行性和公平性。这些措施将有助于农村地区的养老保险制度的逐步完善和发展。

（二）建立跨地区资金调剂机制

为解决不同地区养老保险基金的资金不平衡问题，政府部门可以建立跨地区的资金调剂机制。这可以通过以下方式来实现：

1. 资金汇集

首先，政府部门可以建立一个统一的基金池，将城市和农村地区的养老保险基金集中管理。这个基金池可以被视为一个中央账户，集中收纳来自各地区的缴费款项，并用于养老金的发放和投资运营。这一做法有以下几个优点：第一，提高资金管理效率。通过将资金集中管理，政府部门可以更有效地监控和管理资金流动，降低管理成本，确保养老金的及时支付。第二，降低风险。统一基金池可以降低单一地区面临的风险，因为资金来自多个地区，分散了投资风险。第三，增加透明度。统一基金池有助于提高养老保险制度的透明度，公众可以更容易地监督政府部门的资金使用情况。

其次，建立统一基金池的同时需要设计合理的资金调剂机制，以确保不同地区的基金能够合理调配。这一机制可以考虑以下因素：第一，地区财政实力。资金调剂机制可以根据不同地区的财政实力来分配资金。相对财政实力较强的城市地区可以为相对贫困的农村地区提供资金支持。第二，养老金支出情况。机制还可以考虑各地区的养老金支出情况。一些地区可能需要更多的资金来支付养老金，因此可以获得更多的资金调剂。

再次，统一基金池有助于实现风险的分担和共担。城市地区相对财政实力较强，可以为整个基金池提供稳定的资金来源，帮助农村地区养老金保障。而农村地区也能通过这种方式分享城市地区的经济成果，实现风险的共担。这有助于平衡不同地区之间的社会和经济发展差距。

最后，统一基金池可以实现更多样化的投资组合，提高基金的收益水平。政府部门可以将基金投资于不同领域，如股票、债券、房地产、基础设施等，以实现更稳健和可持续的投资回报。优化的投资组合有助于增加基金的积累，确保养老金能够保持其购买力，并支持制度的长期可持续性。

2. 资金分配

第一，设立专门机构。为实现资金的公平分配，政府部门可以设立专门的机构或委员会，负责农村地区养老保险基金的资金分配工作。这个机构可以由相关政府部门、专业人士和代表农村居民的社会团体组成，以确保分配过程的公正性和透明度。这一机构可以承担以下职责：一是制定分配政策。机构可以制定具体的资金分配政策，明确分配的原则、标准和程序。二是收集数据和评估需求。机构可以收集关于农村地区的数据，包括人口老龄化程度、经济发展水平、就业结构等信息，以便科学地评估养老保险的需求。三是审核和监督。机构可以审核和监督资金分配的执行，确保政策得到贯彻执行。

第二，考虑实际情况。在进行资金分配时，应充分考虑农村地区的实际情况，以确定合理的分配比例和标准。这包括以下几个方面的考虑：一是人口老龄化程度。不同地区的人口老龄化程度不同，需要根据老年人口的比例来确定资金分配的优先级。二是经济发展水平。经济较为发达的地区可能具备更多的自我支撑能力，而较贫困的地区可能需要更多的资金支持。三是就业结构。就业结构的差异也会影响养老保险的需求，因此应考虑不同地区的就业情况。

第三，制定分配指标。政府部门可以制定一系列分配指标，用于科学评估农村地区的养老保险需求和资金分配优先级。这些指标可以包括：一是人口老龄化指数。衡量老年人口占总人口的比例，用于评估养老保险需求的高低。二是就业结构变化。了解不同地区的就业结构，以确定养老保险需求。三是基金余额。考虑不同地区的基金余额，以判断是否需要额外的资金支持。

3. 风险补偿

第一，背景与需求。风险补偿机制的建立是为了应对城市和农村地区在养老保险制度整合中的财务不平衡和风险分担不均的情况。城市地区通常具有更高的经济收入和养老保险基金积累，而农村地区的基金相对薄弱。这种不平衡可能会导致农村地区的养老金难以维持，影响制度整合的公平性和可行性。

第二，机制设计。首先，政府部门可以设立专项基金，从城市地区的相对富余基金中划拨一定比例的资金用于支持农村地区。这一资金补偿机制的关键在于确保农村地区养老保险基金的可持续性。可以根据不同地区的财务状况和需求来确定资金的划拨比例，以保证农村地区的基金能够满足养老金发放的需求。其次，政府部门可以对农村地区给予一定的财政补贴，以减轻其财务压力。这些补贴可以用于填补基金缺口、支付养老金、维护养老保险制度的稳定运行。政府部门还可以采取税收政策优惠等方式，鼓励企业和个人在农村地区参与养老保险制度，提高基金的贡献。再次，在资金补偿方面，政府部门需要确保资金的有效管理和投资。建立专业的基金管理机构，制定科学的投资策略，将资金投资于稳健的渠道，以实现资金的增值和可持续性。政府部门可以引导基金投资于国内经济发展潜力较大的领域，如基础设施建设、科技创新等，以提高基金的长期回报率。最后，为确保资金补偿机制的公平和透明，政府部门需要建立监管和审计机制。监管机构可以监督资金划拨的程序和资金使用的情况，确保补偿资金不被滥用或挪用。审计机构可以对资金补偿机制的执行进行定期审计，评估其效果和合规性。

第三，风险补偿机制的建立可以帮助维护整合后的城乡养老保险制度的可行性和公平性。通过合理的资金补偿和政策支持，政府部门可以确保不同地区的养老金制度都能够平稳运行，老年人能够享受到应有的养老保障。这不仅有助于提高制度的可持续性，还有助于促进城乡居民的公平获益。风险补偿机制可以分为资金补偿和政策支持两个层面。在资金补偿方面，政府部门可以设立专项基金，从城市地区的相对富余基金中划拨一定比例的资金用于支持农村地区。这些资金可以用于填补农村地区养老保险基金的缺口，确保养老金的正常发放。在政策支持方面，政府部门可以对农村地区给予一定的财政补贴，以减轻其财务压力，保障养老保险制度的稳定运行。

（三）完善信息系统

为解决信息共享问题，政府部门可以完善养老保险信息系统，确保不同地区的信息准确共享。以下是一些策略和途径。

1. 统一标准

首先，标准化信息采集。在整合城乡养老保险制度中，标准化信息采集是确保各地区数据准确共享和互通的基础。通过建立统一的信息采集标准，可以实现以下目标：

数据一致性。标准化信息采集确保在不同地区采集的数据具有一致的内容和结构。这意味着无论是城市地区还是农村地区，都将采集相同类型的信息，如个人身份信息、缴费记录、养老金发放情况等。这种一致性有助于数据的可比性，减少了由于不同数据采集方法而引起的误差和偏差。

数据质量提升。标准化信息采集可以提高数据的质量。通过规定数据采集的标准流程和规范，可以减少数据录入和处理环节中的错误。这有助于确保采集到的数据是准确和可信的，为后续的数据分析和政策制定提供了可靠的基础。

数据完整性：标准化信息采集要求采集全部必要的信息，确保数据的完整性。这有助于避免数据缺失或遗漏，从而保证养老保险制度的全面覆盖，不会因数据问题而导致遗漏某些参保人员或发放养老金的失误。

其次，一致数据格式。一致的数据格式是信息共享和整合的关键。以下是一致数据格式的重要作用：

数据互通。通过规定相同的数据结构、字段名称和编码规范，不同地区的信息系统可以更轻松地进行数据交换和共享。这有助于不同地区之间的数据互通，使信息共享变得更加高效和便捷。

数据解读简化。一致的数据格式使数据解读和整合变得更加简化。不同地区的数据可以更容易地被其他地区的系统理解和处理，减少了数据转化和适配的复杂性，提高了整合的效率。

数据一致性维护。一致的数据格式有助于维护数据的一致性。当不同地区的数据都按照相同的格式进行存储和传输时，更容易发现和纠正数据不一致的情况，有助于保持数据的准确性和一致性。

最后，技术标准和互操作性。技术标准和互操作性是实现信息共享和整合的关键因素，包括以下方面：

数据传输协议。统一的数据传输协议可以确保不同地区的信息系统之间可以有效地进行数据传输。这可以通过采用通用的传输协议，如 HTTP 或 FTP，来实现数据的跨系统传输。

接口规范。制定接口规范可以确保不同信息系统之间可以顺利对接。这包括定义数据交换接口的规则和格式，以确保数据能够正确地传递和解释。

数据安全性。技术标准还需要关注数据的安全性。确保数据在传输和存储过程中的安全性对于保护个人隐私和数据完整性至关重要。因此，需要采用加密、身份验证和访问控制等安全措施。

2. 信息互联

首先，平台架构与设计。建立信息互联平台的首要任务是设计一个稳定、高效的平台架构，以支持多地区的数据链接和交换。以下是关键的平台架构要素：

分布式架构。信息互联平台应采用分布式架构，将不同地区的数据集中管理，同时保持各地区信息系统的独立性。这可以通过云计算技术实现，确保平台的高可用性和扩展性。

数据集成层。平台应包括数据集成层，用于连接不同地区的信息系统，并负责数据的提取、转换和加载（ETL）。这一层的设计应考虑到不同数据源的多样性和复杂性，以确保数据能够被正确地捕获和转换。

数据存储。平台需要一个可靠的数据存储层，用于存储各地区的数据。这可以采用分布式数据库系统或数据湖架构，以容纳大量的数据，并支持快速检索和分析。

数据安全性。平台的设计应重视数据安全性，采用严格的身份验证和访问控制措施，确保数据在传输和存储过程中的保密性和完整性。加密技术、访问令牌和审计功能都是保障数据安全的重要手段。

其次，数据标准化与格式转换。不同地区的信息系统通常采用不同的数据标准和格式，因此需要引入数据标准化和格式转换机制，确保数据在信息互联平台上的一致性和兼容性。以下是关键措施：

数据映射。建立数据映射规则，将不同地区的数据字段映射到统一的数据模型中。这需要深入了解各地区的数据结构，以确保数据在转换过程中不会丢失关键信息。

格式转换工具。引入格式转换工具，可将不同数据格式转换为平台所需的标准格式。这些工具应具备自动化和批处理功能，以减少手动干预和提高效率。

数据质量控制。实施数据质量控制机制，用于检测和纠正数据质量问题。这包括数据验证、纠错和异常处理，以确保数据的准确性和一致性。

最后，实时数据同步。信息互联平台应具备实时数据同步的能力，以确保各地区的数据能够在实时或近实时的状态下同步到平台。以下是实现实时数据同步的关键要点：

实时数据接口。为各地区的信息系统建立实时数据接口，使其能够将数据实时推送到平台。这些接口应具备高可用性和可扩展性，以满足实时数据传输的需求。

数据变更捕获。采用数据变更捕获技术，监测各地区数据的变化，并在数据发生变更时立即进行同步。这有助于保持数据的实时性和准确性。

数据同步策略。制定数据同步策略，包括同步频率、数据传输通道的选择和容错机制等。这需要根据数据的重要性和紧急性来确定不同数据的同步策略。

3. 安全保障

首先，加密技术的应用。在确保信息共享安全性方面，加密技术起到了关键作用。以下是加密技术在信息互联平台上的应用：

数据传输加密。采用安全的传输协议（如 TLS/SSL）和强大的加密算法，对数据进行加密。这样，即使数据在传输过程中被截获，也无法被窃取或解密，从而确保数据的机密性。

存储加密。对数据存储进行加密，以防止未经授权的访问。加密存储可以保护数据在存储介质上的安全，即使硬盘或服务器被盗或丢失，数据仍然得以保护。

身份验证数据的加密。对于包含个人身份信息的数据，特别需要强调加密。只有授权的用户经过身份验证后，才能够解密和访问这些敏感数据。

其次，身份认证与权限控制。身份认证。采用强大的身份认证机制，确保只有经过授权的用户可以访问信息互联平台。采用多因素身份验证，如用户名 / 密码、生物特征、智能卡等，以提高身份认证的安全性。

权限控制。建立细粒度的权限控制系统，将不同用户分配到不同的权限级别，以限制其访问和操作的范围。只有具备合适权限的用户才能够进行敏感操作，确保数据的机密性和完整性。

再次，网络安全防护。

防火墙。部署强大的防火墙，监测和过滤进出平台的网络流量，阻止未经授权的访问和攻击。定期更新防火墙规则，以应对新的威胁。

入侵检测系统（IDS）和入侵防御系统（IPS）。部署 IDS 和 IPS 来检测和防止入侵。这些系统可以及时发现异常行为并采取措施应对攻击。

反病毒软件。定期更新反病毒软件，确保及时发现和清除恶意软件，以保护信息互联平台免受病毒和恶意代码的侵害。

最后，数据备份与恢复。

定期数据备份。建立定期的数据备份机制，将数据备份到安全可靠的存储介质中，如离线磁带或云存储。备份数据应按照不同的恢复点进行存储，以便在需要时进行数据恢复。

灾难恢复计划。制定灾难恢复计划，确保在发生数据丢失或损坏的情况下能够快速恢复平台的正常运行。进行灾难恢复演练，以测试和验证恢复计划的有效性。

总之，信息互联平台的安全保障措施包括加密技术的应用、身份认证与权限控制、网络安全防护和数据备份与恢复等多个层面的措施，以确保信息共享的安全性和可靠性。这些措施不仅有助于保护敏感信息免受威胁，还有助于维护整个城乡养老保险制度的稳定性和可持续性。

第六章　城乡社会养老保险基金的筹措与管理

第一节　城乡社会养老保险基金筹措的模式和渠道

一、财政资金投入与补贴

（一）财政资金投入

政府部门通过预算安排和财政拨款，将资金投入养老保险基金中，以满足养老金发放和运营的需求。财政资金投入的模式和渠道主要包括以下几方面。

1. 政府财政拨款

首先，财政预算拨款。一是财政规划与养老金支出。政府部门在年度财政预算中进行充分规划，将一定比例的资金划拨给养老保险基金，以满足养老金待遇的支付需求。这些资金通常包括来自政府部门的直接拨款、基金管理费用、基金投资收益的再投资等。二是透明度与合规性。通过预算拨款，政府部门可以确保养老保险基金的支出是透明和合规的。养老金支付的资金来源清晰可见，有助于监督和审计，确保政府部门的支出符合法律法规和政策要求。

其次，缺口补充。一是养老金缺口的出现。养老保险制度可能会面临资金缺口的情况，即养老金待遇的支付超过了基金的实际收入。政府部门在这种情况下扮演了重要的角色，通过财政拨款来填补缺口，确保养老金的正常发放。二是稳定养老金支付。政府部门的缺口补充措施有助于维护养老金的稳定支付，不会因基金短缺而导致养老金的停发或减少。这种稳定性对于养老人群的生活质量至关重要。

再次，资金补充和增资。一是根据需要的灵活性。政府部门可以根据养老保险基金的具体情况，自行决定是否进行资金补充和增资。这种灵活性使政府部门能够根据经济形势和养老需求的变化来调整基金规模，以确保基金的可持续性。二是提高养老金基金的规模。通过资金补充和增资，政府部门可以提高养老金基金的规模和储备，增加基金的抵御风险的能力。这对于确保养老金的长期稳定性和充足性至关重要。

最后，财政稳定性和可持续性。一是稳定的资金来源。政府部门财政拨款模式可以提供稳定的资金来源，确保养老金的及时支付和基金的正常运作。政府部门在年度财政预算中规划资金拨款，有助于养老金的可持续支付。二是根据财政状况调整。政府部门可以根据财政状况和经济发展情况，合理规划和调整财政拨款的规模和频率。这种灵活性使政府部门能够在不同时期应对养老金制度的不同需求，维护其可持续性。

2. 中央与地方财政分担

第一，中央财政支持。一是中央财政资金。中央政府部门从其年度财政预算中划拨一定比例的资金，用于养老保险基金的支出。这些资金通常包括来自中央政府部门的直接拨款、国有资产收益、中央税收等，以满足养老金待遇的支付需求。二是财政预算规划。中央政府部门在年度财政预算中充分规划和安排资金拨款，确保养老金支付的资金来源稳定、可预测，有助于维护养老金制度的稳定性和可持续性。

第二，地方政府部门补充资金。一是地方政府部门自主决策。地方政府部门根据实际情况和需要，自主决定是否为养老保险基金提供额外的资金支持。这种灵活性使地方政府部门能够根据地区经济状况、人口老龄化程度等因素来调整资金的补充方式和规模。二是地方税收和财政渠道。地方政府部门可以通过地方财政预算、地方税收收入等渠道，为基金提供补充资金。这有助于确保地方政府部门根据地区的实际情况进行充分投入，满足养老金的支付需求。

第三，财政分担比例。一是根据政策和法规确定。中央与地方的财政分担比例通常根据国家或地区的政策和法规来确定。这种比例可以根据国家的经济状况、地方财政能力和养老金制度的需求来进行调整和变化。二是灵活性和公平性。确定财政分担比例时需要考虑灵活性和公平性。中央政府部门通常提供较高比例的财政资金，以稳定基金运作，而地方政府部门则根据地区差异进行相应的补充，以保障公平性和地方需求。

第四，财政协调机制。一是协商和协调。中央政府部门和地方政府部门需要建立相应的财政协调机制，以确保财政资金的协调和合理使用。这包括确定财政分担比例、资金划拨方式和使用范围等事项。二是财政管理和监督。财政协调机制还包括加强财政管理和监督，以确保资金的合理利用和养老金制度的平稳运行。监督机构可以对资金使用情况进行审计和评估，确保政府部门依法依规使用资金。

第五，财政责任和风险分担。一是财政支持和风险共担。中央政府部门和地方政府部门在中央与地方财政分担模式下共同承担养老保险基金的筹措责任和风险。这种合作机制有助于维护养老金制度的稳定性和可持续性，同时分担养老金支付风险。二是中央政府部门的贡献。中央政府部门提供财政资金的稳定性和强大支持，有助于确保基金的充足。这降低了地方政府部门在养老金支付方面的财政压力，同时有助于缓解不同地区之间的财政差距。三是地方政府部门的灵活性。地方政府部门根据实际情况进行资金的补充，这种灵活性使他们能够更好地适应地区的养老金需求。地方政府部门还可以通过管理和监督确保资金的合理使用。

3. 财政补贴和补偿

第一，财政补贴。财政补贴是政府部门直接向养老保险基金注入资金的方式，用于填补基金的赤字和支付养老金待遇。这种模式通常适用于基金收入无法覆盖支出的情况。财政补贴的主要特点包括。

资金来源。财政补贴的资金通常来自政府部门的财政预算。政府部门在每年的预算编制过程中，根据养老保险制度的需求和财政状况，确定财政补贴的金额和频率，并进行相应的预算安排。

填补资金缺口。财政补贴的主要目的是填补养老保险基金的资金缺口，确保基金有足够的资金来支付养老金待遇。这有助于维护养老金的发放稳定性，使参保人员能够按时领取养老金。

政府部门监管和控制。政府部门通过财政补贴来维持基金的稳定运作，因此通常也会对基金的管理和运营进行监管和控制。政府部门有责任确保补贴资金被合理使用，用于养老金支付等相关用途。

第二，补偿机制。补偿机制是政府部门建立的一种特殊机制，用于为养老保险基金提供额外的资金补偿，以满足养老金发放的需求。这通常适用于基金收入不足以覆盖支出的情况。补偿机制的主要特点包括。

补偿资金来源。补偿资金可以来自政府部门的财政拨款、财政储备或其他特殊渠道。政府部门会根据基金的运营情况和财政状况，决定提供补偿的金额和方式。

填补资金缺口。与财政补贴类似，补偿机制的主要目的也是填补养老保险基金的资金缺口，确保基金具备足够的资金用于支付养老金待遇。

弥补基金不足。补偿机制通常是一种反应机制，当基金陷入困境或面临支付难题时，政府部门可以启动补偿机制，提供额外的资金支持。

财政可持续性考量。在建立和实施补偿机制时，政府部门需要充分考虑财政可持续性的因素。政府部门应确保提供补偿的资金不会对财政造成过度压力，同时应进行财政规划，以保持财政平衡。

（二）补贴模式

除了财政资金投入外，政府部门还可以通过补贴模式来筹措城乡社会养老保险基金。补贴模式可以包括以下渠道。

1.雇主补贴

雇主补贴是指政府部门要求雇主按一定比例缴纳养老保险费用，并在其缴费基础上提供一定的补贴。这旨在鼓励雇主积极参与养老保险制度，增加基金的筹措额度。

首先，实施方式。一是法律或政策规定。雇主补贴养老保险通常是通过国家法律或政策规定实施的。政府部门会颁布相关法律法规，要求雇主必须为其雇员缴纳养老保险费用。这些法律法规明确了缴费比例、缴费基数、缴费频率等具体细则，以确保雇主的缴费符合规定。二是工资收入比例。养老保险费用通常是按照员工的工资收入的一定比例来计算和缴纳的。这意味着雇主需要根据员工的工资水平来确定具体的缴费金额。政府部门通常规定了最低和最高缴费基数，以确保养老保险制度的普及性和公平性。三是政府部门补贴。政府部门为了鼓励雇主积极参与养老保险制度，会提供一定的补贴。这些补贴可以是直接的财政拨款，也可以是减免雇主需要缴纳的部分养老保险费用。补贴政策的具体方式和金额通常会根据实际情况和政府部门财政状况进行调整。

其次，效果与目的。一是增加基金筹措额。雇主补贴政策的核心目的是增加养老保险基金的筹措额度。雇主的缴费加上政府部门的补贴，有效地提高了基金的充足性，确保了养老金的发放和制度的可持续性。这有助于应对养老人口增加和养老金支付压力的情况。二是养老金制度可持续性。充足的基金筹措额度有助于确保养老金制度的可持续性。通过鼓励雇主积极参与制度，政府部门可以稳定养老金的发放，减轻了养老人口的经济负担，提高了制度的可行性。三是促进养老保险普及。雇主补贴政策也有助于提高养老保险的普及率。因为雇主必须为雇员缴纳养老保险，员工更容易参与制度。这扩大了参保人员的范围，增加了基金的规模和资金储备。四是减轻雇主负担。政府部门提供的补贴有助于减轻雇主的经济负担，鼓励雇主积极履行缴费责任。这有助于维护就业稳定和企业的可持续发展。

2. 个人缴费补贴

首先，个人缴费补贴政策的背景。个人缴费补贴政策是一项旨在鼓励个人积极参与养老保险制度的政策举措。在许多国家和地区，养老保险是一项重要的社会保障制度，旨在为退休人员提供稳定的经济支持。然而，个人参与养老保险需要缴纳一定比例的养老保险费用，这对于低收入人群来说可能构成一定的经济负担。因此，政府部门采取了个人缴费补贴政策，以确保更多人能够承担养老保险费用，提高养老保险的普及率，保障老年人的福祉。

其次，个人缴费补贴政策的实施方式。一是收入水平差异化。个人缴费补贴政策通常会根据个人的收入水平进行差异化设置。政府部门会制定一套补贴标准，根据个人的月收入或年收入来确定补贴的金额。低收入人群通常将获得更大比例的补贴，以减轻其经济负担。二是就业行业考量。一些政府部门还会考虑个人所在的就业行业。在某些行业中，个人的工资可能较低，因此政府部门可能会为从事这些行业的人提供额外的补贴，以确保他们能够参与养老保险制度。三是年龄差异化。年龄也可能成为补贴政策的考量因素。政府部门可能会鼓励年轻人积极参与养老保险制度，以确保他们在退休后有足够的积累。因此，政府部门可以在一定年龄段内提供更大幅度的补贴。

再次，个人缴费补贴政策的效果与目的。一是提高养老保险的普及率。个人缴费补贴政策的核心目的之一是提高养老保险的普及率。通过减轻个人的经济负担，政府部门鼓励更多人积极参与养老保险制度，确保他们在退休后能够获得稳定的养老金待遇。二是减轻低收入人群的经济负担。这项政策有助于减轻低收入人群的经济负担，使他们也能够享受到养老保险的权益。这有助于减少社会不平等，并提高社会公平性。三是提高制度的可持续性。通过增加参保人数，政府部门可以增加养老保险基金的规模和资金储备，提高制度的可持续性。这对于应对养老人口增加和养老金支付压力至关重要。四是鼓励年轻人参与。年龄差异化的补贴政策鼓励年轻人早期参与养老保险制度，有助于他们在职业生涯早期就开始积累养老金，为未来的退休提供更多经济支持。

3. 特殊群体补贴

首先，特殊群体补贴政策的背景。特殊群体补贴政策是一项旨在关爱社会弱势群体、减轻他们的经济负担，并帮助他们融入养老保险制度的政策举措。在养老保险制度中，存在一些特殊群体，如残疾人、低收入家庭、失业人员等，他们可能面临更高的经济和社会风险。因此，政府部门采取了特殊群体补贴政策，以确保这些群体也能够享受到养老保险的权益。

其次，特殊群体补贴政策的实施方式。一是根据特殊需求制定政策。特殊群体补贴政策需要根据不同群体的特殊需求和情况进行制定。政府部门需要了解这些群体的经济、社会和身体状况，以制定切实可行的政策。二是差异化的补贴标准。针对不同的特殊群体，政府部门可以制定差异化的补贴标准。例如，对于残疾人，政府部门可以提供更高比例的补贴，以满足他们更高的养老保险费用需求。三是多样化的支持方式。补贴政策的支持方式可以多样化，包括财政补贴、费用减免、提供专门的服务等。政府部门可以根据群体的需求和政策的可行性来选择适当的支持方式。

再次，特殊群体补贴政策的效果与目的。一是关爱社会弱势群体。特殊群体补贴政策旨在关爱社会弱势群体，提供额外的养老保险支持。这有助于减轻他们的经济负担，改善他们的生活状况。二是提高养老保险的包容性。这项政策有助于提高养老保险制度的包容性，确保社会的每个成员都能够享受到养老保险的权益。这有助于减少社会不平等和社会排斥。三是改善制度的可持续性。通过帮助特殊群体参与养老保险制度，政府部门可以增加参保人数，提高养老保险基金的规模和资金储备，从而改善制度的可持续性。

4. 区域差异补贴

首先，区域差异补贴政策的背景。区域差异补贴政策是养老保险制度的一项关键政策，旨在解决不同地区之间的经济差异和人口密度差异对养老金制度的影响。各地区的经济水平、人口结构、生活成本等因素存在差异，因此，政府部门需要采取措施，以确保养老金制度在全国范围内均能平稳运行，不产生明显的不平等现象。

其次，区域差异补贴政策的实施方式。一是区域划分和分类。政府部门需要对国内各地区进行分类和划分，根据经济发展水平、人口密度、生活成本等因素，将地区划分为不同的类别。这有助于精确制定补贴政策。二是补贴对象的确定。在每个地区中，政府部门需要确定哪些居民或企业可以享受区域差异补贴。通常情况下，相对经济较弱的地区和低收入群体将是补贴的主要对象。三是补贴标准的设定。政府部门需要设定不同地区的补贴标准，以确保在相对富裕地区提供较低的补贴，而在相对贫困地区提供更高的补贴。四是政策执行与监管。为了有效执行区域差异补贴政策，政府部门需要建立相应的监管机制，确保资金的正确分配和使用。政府部门还需要定期审查和调整政策，以适应地区经济状况的变化。

再次，区域差异补贴政策的效果与目的。一是确保养老金制度的平等。区域差异补贴政策旨在确保养老金制度在全国范围内的平等性。通过提供不同地区的差异化补贴，政府部门能够减轻相对贫困地区的居民养老金缴费负担，消除地区差异带来的不平等。二是提高养老保险的普及率。这项政策有助于提高养老保险的普及率，鼓励更多人积极参与制度。相对贫困地区的居民将更有动力加入养老保险制度，从而提高制度的参与率。三是促进区域发展的均衡性。区域差异补贴政策有助于促进区域发展的均衡性。通过减轻相对贫困地区的养老金负担，政府部门可以帮助这些地区更好地发展经济和社会事业。

二、社会化筹资与多元化投资

城乡社会养老保险基金筹措的模式和渠道不仅限于财政资金投入与补贴，还可以通过社会化筹资和多元化投资来增加基金的筹措额度和提高资金收益率。

（一）社会化筹资

社会化筹资是指通过社会各界的参与，筹集养老保险基金的资金。政府部门可以鼓励企业、机构和个人积极参与养老保险基金的筹资工作。

1. 引导企业缴纳养老保险费用

第一，法律法规的规定。政府部门可以通过法律法规的规定来明确企业的养老保险缴费义务，要求企业按照一定比例为员工的养老保险缴纳费用。这种强制性缴费制度具有以下优点：一是强制性缴费制度使企业的养老保险责任得以明确，确保了企业履行社会责任的法律约束力，保障员工的养老权益。二是通过法定比例的缴费，员工的养老权益得到了保障，免受企业不缴费的风险，确保他们的晚年生活质量。三是强制性缴费制度有助于维护养老保险制度的稳定性，确保基金的充足，以满足日益增长的养老需求。

第二，税收优惠。政府部门可以为那些按时足额缴纳养老保险费用的企业提供税收优惠措施，以鼓励他们积极履行社会责任。这些税收优惠的措施包括：一是所得税减免。对于按时足额缴费的企业，政府部门可以提供一定比例的所得税减免，减轻企业的财务负担，激励企业缴纳养老保险费用。二是税前扣除。允许企业将养老保险缴费额在税前扣除，降低了企业的税负，提高了企业参与养老保险筹资的积极性。三是奖励政策。政府部门可以设立奖励制度，对按时足额缴费的企业给予财政奖励，作为对其贡献的认可，增强了企业的参与动力。

第三，奖励措施。政府部门可以采取一系列奖励措施，以鼓励企业积极参与养老保险的筹资工作。这些奖励措施包括：一是对于积极参与养老保险筹资的企业，政府部门可以提供一定的财政奖励，作为对其贡献的认可，鼓励企业履行社会责任。二是推出荣誉称号，如"社会责任典范企业"等，以表彰那些积极履行社会责任的企业，提高了企业的社会形象。三是政府部门可以为积极缴纳养老保险费用的企业提供优先政策支持，包括融资支持、市场准入等方面的优势，提高了企业的竞争力。

2. 鼓励个人缴纳养老保险费用

第一，宣传教育。一是政府部门可以开展广泛的宣传和教育活动，向个人普及养老保险的重要性和好处。这可以通过媒体、社交媒体、宣传册和公共活动等多种方式来进行。

二是提供有关养老保险制度的信息，包括制度运作、缴费规定和福利待遇等，以使个人更好地理解制度。三是分享成功的养老保险案例，让个人了解到积极参与养老保险的经济和社会利益。

第二，个人账户储蓄奖励。一是政府部门可以设立个人账户储蓄奖励计划，鼓励个人自主储蓄用于养老金。这些奖励可以是一定比例的利息或额外的储蓄奖金，以刺激个人积极参与。二是政府部门可以实行储蓄匹配政策，即将个人储蓄的一部分与之匹配，从而增加个人的储蓄意愿。三是提供个人储蓄的税收激励，如免税或税收减免，以鼓励更多人参与养老保险。

第三，弹性缴费方式。一是允许个人选择定期缴纳养老保险费用，以适应他们的财务状况和收入水平。这有助于降低财务负担。二是为那些有能力一次性缴纳养老保险费用的个人提供便捷渠道，以获得长期的养老保障。三是制定政策，允许个人根据自己的需求和能力选择不同的缴费方式，例如月度、季度或年度缴费。

3. 引导社会组织和慈善机构参与

第一，设立公益基金。一是可以设立专门的养老保险公益基金，用于接受社会组织和慈善机构的捐款。这些基金可以由政府部门或独立的管理机构进行管理，以确保资金使用的透明度和合规性。二是鼓励社会组织和慈善机构组织募捐活动，吸引社会爱心人士捐款支持养老保险制度。这些活动可以定期举行，包括慈善义卖、公益演出、募捐义跑等。三是建立长期合作伙伴关系，与社会组织和慈善机构合作，共同推动养老保险基金的筹资工作。这可以通过签署合作协议、召开合作会议等方式实现。

第二，税收优惠政策。一是提供捐款者相应的税收减免政策，以鼓励个人和企业积极参与养老保险基金的筹资。这些税收减免可以涵盖所得税、财产税或其他相关税收。二是制定奖励政策，对于捐款金额较大或长期持续捐款的社会组织和慈善机构给予奖励。这可以包括财政奖励、荣誉称号或其他形式的认可。三是与税收减免政策同时，要求社会组织和慈善机构提供充分的财务透明度，确保捐款资金的合法性和合规性。

（二）多元化投资

多元化投资是指将养老保险基金投资于不同的资产类别和领域，以实现资金的增值和增收。通过有效的投资管理，可以增加基金的筹措额度和提高资金的收益率，确保养老保险基金的可持续发展。

1. 股票投资

第一，投资组合多样性。一是在创建多元化的股票投资组合时，政府部门可以投资于不同行业，如科技、金融、医疗等。这样，即使某个行业遇到困难，其他行业的表现也能够平衡风险。二是分散市值意味着政府部门可以在大型、中型和小型公司之间进行投资。大型公司通常稳定，中型和小型公司则可能具有更高的增长潜力。这种分散有助于应对不同市值类别的市场波动。三是考虑将投资扩展到不同地理区域，包括国内外市场。国际投资可以提供国内市场无法获得的机会，并减轻国内市场特定的风险。

第二，长期投资。一是采纳长期投资哲学，将养老保险基金的投资目标定为长期增值而非短期赚取。这意味着政府部门不会受到短期市场波动的影响，更能抓住长期投资机会。二是减少频繁的买卖交易，以降低交易成本。长期投资者通常不会受到市场波动的干扰，因此可以采用更稳健的投资策略。三是尽管采用长期投资策略，但仍然需要持续监控投资组合的表现，并根据需要进行适度的再平衡。这有助于确保投资目标得以实现。

第三，风险管理。一是设定风险限制，包括最大持仓比例、行业风险、股票特定风险等。这有助于控制投资组合的整体风险水平。二是考虑使用期权、期货和其他衍生品工具来对冲投资组合的风险。这些工具可以帮助政府部门在市场波动时保护投资组合的价值。三是建立定期审查投资策略的机制，以确保它们仍然适用于基金的目标和市场条件。如果需要，可以进行调整和改进。

2. 债券投资

第一，投资品种选择。一是选择购买国家或地方政府发行的债券。这些债券通常被认为是风险较低的。政府债券的收益通常相对较低，但可以提供稳定的现金流。二是除政府债券外，还可以考虑购买公司债券。公司债券的回报率通常较高，但伴随着较高的信用风险。政府部门需要仔细评估公司的信用质量，并选择高信用评级的债券以降低风险。三是市政债券由地方政府发行，用于资助基础设施项目。这些债券的回报率通常介于政府债券和公司债券之间。政府部门可以考虑购买市政债券以支持地方经济和基础设施建设。

第二，利率敏感性管理。一是采取对冲政策，以减轻债券投资组合对市场利率变化的敏感性。例如，政府部门可以选择购买定期到期的债券，以降低投资组合的平均到期日，从而减少利率波动对债券价格的影响。二是分散债券投资的到期日，避免大规模债券同时到期。这有助于管理再投资风险，因为政府部门可以根据市场情况选择最有利可图的再投资选项。三是密切关注市场利率曲线的变化，以及长期和短期利率之间的差异。这有助于制定及时的对冲策略，以适应利率环境的变化。

第三，信用风险监控。一是根据债券发行者的信用评级来评估其信用风险。可以选择购买高信用评级的债券，以减轻信用风险。二是定期评估债券投资组合中各个发行者的信用状况。如果某个发行者的信用质量下降，政府部门可能需要考虑减持相关债券，以降低风险。三是分散债券投资组合中的信用风险是降低整体信用风险的关键。政府部门可以投资于多个不同领域和行业，以减少特定行业或公司的信用问题对投资组合的不利影响。

3. 房地产投资

第一，投资战略。一是选择投资商业地产，如购物中心、写字楼和酒店。这些物业通常具有稳定的租金收益和较长的租赁周期，有助于提供可持续的现金流。政府部门需要考虑市场需求和地理位置等因素，以选择合适的商业地产投资机会。二是投资住宅物业可以提供租金和资产升值的双重回报。政府部门可以选择购买公寓、独立屋或多户住宅物业。这需要密切关注住房市场的供需关系和租金水平，以确定投资时机。三是考虑参与房地产开发项目，如住宅社区或商业综合体。这种投资方式可以带来更高的回报，但伴随着更高的风险和管理挑战。政府部门需要进行详尽的尽职调查和风险评估，以确保项目的成功。

第二，租金管理。一是有效管理租赁合同，包括租金定价、租期管理和租金调整。合同管理的规范性和透明度对于确保租金稳定性至关重要。二是采取措施，以最大化租金收益。这包括提高物业的吸引力，如进行装修或改善物业设施，以吸引更多租户。三是保持物业的良好状态对于吸引租户和确保长期租赁关系至关重要。政府部门需要制订有效的物业维护计划，并确保物业管理高效运营。四是定期进行房地产市场研究，以了解市场趋势和潜在机会。这将有助于及时做出投资决策。

第二节　城乡社会养老保险基金管理的制度和机制

一、基金管理体制的建立

城乡社会养老保险基金管理体制的建立是保障基金安全、高效运作的重要保障。为了实现基金的合规管理、有效投资和稳健发展，政府部门可以采取以下措施。

（一）分级管理机制

1. 城市基金管理机构

第一，职责和功能。城市基金管理机构是负责管理和运营城市地区的养老保险基金的关键实体。他们的职责和功能涵盖广泛的领域，旨在保障基金的稳健管理和可持续运营。

投资策略制定。城市基金管理机构需要制定全面的投资策略，以确保资金得以最大程度地增值。这包括确定投资目标、风险偏好、资产配置以及投资组合的多样性。投资策略应充分考虑城市地区的经济状况、市场条件和长期养老保险需求。

资产管理。他们负责有效地管理投资组合，包括购买和出售资产、分散风险、优化资产配置等。这要求他们密切关注市场动态，做出明智的投资决策，以提高基金的回报率。

风险管理。城市基金管理机构需要建立强大的风险管理体系，以保护基金免受市场波动和不利事件的影响。这包括风险评估、风险控制措施、压力测试和灵活的资产配置策略。

财务规划和预算。确保基金的财务健康是他们的关键任务之一。他们需要制定预算计划，管理支出，并确保基金的长期可持续性。

信息披露和公开透明度。城市基金管理机构需要提供透明的财务报告和信息披露，以便政府部门监管机构和公众监督其运营情况。透明度有助于建立信任，并确保管理机构的合规性。

第二，组织结构。城市基金管理机构通常具有精细的组织结构，以确保各项任务得以有序执行。

高管团队。包括董事会、首席执行官（CEO）、首席投资官（CIO）等高级管理人员，他们制定战略决策、监督日常运营，并对基金的整体绩效负有最终责任。

各职能部门。机构通常设有投资部门、风险管理部门、财务规划和预算部门等。这些部门各自负责特定职能，协同工作以实现机构的综合目标。

投资团队。投资团队由专业的投资人员组成，他们负责研究市场、分析投资机会、制定投资策略并执行投资决策。

合规和审计部门。这些部门确保机构的运营合规，并进行内部和外部审计以验证财务报告的准确性和透明度。

2. 农村基金管理机构

首先，职责和功能。农村基金管理机构承担着管理和投资农村地区的养老保险基金的关键任务。考虑到农村地区的特殊情况，他们的职责和功能需要更多地关注满足农村居民的养老需求和支持农村地区的可持续发展。

农村地区投资策略。农村基金管理机构需要制定与农村地区特点相符的投资策略。这包括根据农村地区的经济状况、人口老龄化水平、产业结构等因素，调整投资目标和风险偏好。投资策略应注重长期稳健的资产配置，以确保基金的可持续性。

资产管理和配置。他们负责有效地管理和配置投资组合，以最大程度地满足农村地区的养老金需求。这可能涉及不同类型资产的选择，如债券、股票、房地产等，以及不同地理区域的投资。

风险管理。农村地区的经济波动性较大，因此风险管理尤为重要。机构需要制定有效的风险管理策略，包括分散投资、监测市场变化、定期风险评估等，以保护基金不受不利市场影响。

支持农村发展。农村基金管理机构可以通过投资于农村地区的基础设施、小微企业、农村产业等方式，支持农村地区的经济发展，创造更多的养老保险基金来源。

其次，组织结构。农村基金管理机构的组织结构应适应农村地区的需求和特点，可能需要更多的专业人士和更加灵活的运作方式。

管理团队。高管团队包括董事会、首席执行官（CEO）、首席投资官（CIO）等高级管理人员，他们负责决策、监督运营并确保基金的可持续性。

投资专家。农村基金管理机构需要拥有了解农村地区情况的专业投资人员，他们能够分析当地市场，识别投资机会，并执行相应的投资策略。

风险管理团队。专门的风险管理团队负责监测和管理投资组合的风险，以确保基金的稳健运行。

支持部门。机构可能需要设立农村地区研究部门、项目管理部门等，以深入了解农村地区的经济和社会情况，并支持投资决策和项目执行。

（二）基金投资运营

1. 养老保险基金投资委员会的设立

首先，政府部门应该积极吸引并聘请具备卓越投资经验的专业人才。这些专业人士必须在金融领域具备深厚的知识和经验，以便更好地理解投资市场的动态和趋势。他们还应该具备风险管理和资产管理的专业技能，以最大程度地保护养老基金的资产价值。

其次，委员会应该建立一个高效的市场研究团队，以监测各类投资机会和市场风险。市场研究团队应该分析全球金融市场的发展趋势，以确定最有前景的投资领域。这种全球视野将有助于分散投资风险，并提高养老基金的长期回报率。

再次，投资委员会应该制定详细的投资策略和目标，以确保养老基金的稳健增长。这包括资产配置的决策，即将资金分配给不同类别的资产，如股票、债券、房地产等。专业的投资人员应该通过深入的投资分析和风险评估来指导这些决策，以确保资产配置符合养老基金的长期目标。

最后，投资委员会还应建立有效的绩效评估机制，以监测投资决策的结果并进行调整。这将有助于提高决策的透明度和追溯性，确保养老基金的资产得到妥善管理。

2. 投资策略的制定

首先，养老保险基金的投资策略的制定是确保养老基金长期可持续性的核心一环。在这方面，平衡风险与回报是投资策略的基石。政府部门应该首先明确养老基金的长期目标，包括资产增值、保值以及满足未来老年人的养老需求。然后，政府部门需要仔细评估基金的风险承受能力，这涉及养老基金可以接受的风险水平。这一过程需要专业的风险管理团队，其任务是量化风险，确定可接受的损失水平，并确保投资策略与风险承受能力相符。

其次，分散投资是建立养老基金投资策略的重要组成部分。这一概念强调将资金分配到不同的资产类别，如股票、债券、房地产等，以降低特定市场或资产的风险。其一，政府部门应该确定适当的资产配置目标，以确保风险分散得当。这涉及根据不同资产类别的历史表现和相关性来确定权重分配。其二，政府部门需要建立专业的资产配置团队，他们应该不断监测市场条件和基金表现，根据需要进行重新分配，以确保投资组合保持平衡和多样化。

再次，长期投资是成功的养老基金投资策略的关键要素。长期投资的核心思想是持有投资资产足够长的时间，以便在市场波动中实现更稳定的回报。其一，政府部门应该设定长期投资的目标，这可能涉及确定投资的最小持有期限以及退出策略。其二，政府部门需要建立投资团队，他们将采用长期投资的方法，并积极寻找适合基金目标的投资机会。长期投资有助于降低频繁交易的成本，减少市场波动对基金的干扰，并增加了资产增值的潜力。

最后，投资策略的实施和绩效监测至关重要。一旦投资策略制定完成，政府部门需要确保其有效实施。这包括选择合适的投资管理机构或基金经理，监督他们的绩效，并定期评估他们的表现。此外，政府部门还应该建立绩效评估机制，以监测投资策略的执行结果。这将包括比较实际回报与目标回报，分析投资组合的风险和回报，以及对市场趋势的评估。政府部门还应该定期与专业投资顾问和风险管理专家进行合作，以确保投资策略的有效性和适应性。

3.风险管理的建立

第一，风险管理在养老保险基金的运营中占据着至关重要的地位。政府部门应首先建立一个强大的市场风险监测系统，以及时获取有关市场波动和风险事件的信息。这一监测系统应该跨足国际市场，包括股票、债券、商品等不同资产类别，并监测宏观经济因素如通货膨胀率、利率、政策变化等。政府部门还应聘请专业的市场分析师和经济学家，以帮助解读市场数据，预测市场走势，并提供风险预警。

第二，风险评估是建立风险管理体系的核心步骤。政府部门应该建立专门的风险管理部门，负责对基金投资组合的风险进行全面评估。这一评估应包括各种风险类型，如市场风险、信用风险、流动性风险等。首先，市场风险的评估需要分析投资组合中不同资产类别的历史波动性，以及它们之间的相关性。其次，信用风险的评估需要考虑债券和其他固定收益资产的发行人信用质量。最后，流动性风险的评估需要确定投资组合中不同资产的流动性，以确保在需要时可以迅速变现。

第三，建立应急预案对于有效的风险管理至关重要。政府部门应指定专门的风险管理团队，负责制定和实施应急预案。这些应急预案应该明确危机时的应对措施、责任分工以及沟通流程。首先，风险管理部门需要定义不同风险情况下的触发条件，以启动应急预案。其次，应急预案应包括战略性的决策，如资产重新配置、投资组合再平衡，以及战术性的决策，如停牌、止损等。最后，应急预案还应明确各个团队成员的职责，以确保危机时的高效协作和决策制定。

4.投资组合的优化

首先，定期资产配置调整在优化养老保险基金的投资组合中扮演着重要角色。政府部门应首先确立一个有效的资产配置策略，该策略应考虑基金的长期目标、风险承受能力以及市场预期。然后，需要建立一个投资委员会或专业团队，负责定期评估投资组合的表现。这个评估过程应该包括对不同资产类别的回报和风险的分析，以便确定是否需要进行资产配置的调整。

其次，多样性和分散风险是构建强大投资组合的关键因素。政府部门应积极鼓励多元化投资，避免过于集中地投资于某一领域或资产类别。其一，多样化投资涉及将资金分散投资到不同的资产类别，如股票、债券、房地产等。其二，考虑在各个资产类别内部进一步分散，以降低特定资产的风险。这可以通过选择不同行业、地理区域和市场规模来实现。

（三）资金调剂和分配

1.跨地区资金调剂机制的建立

首先，中央调剂基金的设立是跨地区资金调剂机制的核心。政府部门首先需要明确中央调剂基金的法律地位和职责。这个基金应该被设立为一个独立的法律实体，具有明确的运作框架和管理规定。中央调剂基金的目标应该是实现城市和农村地区之间的资金平衡，确保养老保险基金在各地区都能充分发挥作用。

其次，资金调剂标准与方式需要明确定义。政府部门应首先制定一套公平、合理的标准，以确定哪些地区需要接受资金调剂，以及需要调剂的资金数量。这些标准应该包括人口老龄化程度、经济发展水平、就业结构等多个因素，以综合考虑不同地区的需求。同时，还应确定调剂的具体方式，包括定期汇款、项目投资、财政补贴等，以确保资金能够按时、有序地流向需要的地区。

最后，调剂频率与透明度是资金调剂机制的关键组成部分。政府部门应规定调剂的频率，通常可以选择每年一次，以确保及时响应各地区的需求变化。此外，还应确保调剂的透明度，向公众和各地区提供有关调剂决策和过程的充分信息。这包括调剂标准的公开、调剂计划的公告、决策机构的透明运作，以及建立一个独立的监督机构，负责监督调剂过程的公平性和合法性。

2.明确的资金分配政策

首先，考虑多因素的分配政策是确保资金分配合理性和公平性的关键。政府部门应该建立一个综合的评估体系，考虑各种因素对养老保险基金分配的影响。这些因素包括：一是人口老龄化程度。不同地区的老年人口比例不同，政府部门可以设定一套老龄化指标，以反映不同地区的老龄化程度。较高老龄化指标的地区可能需要更多的资金分配。二是经济发展水平。经济相对较发达的地区通常能够更好地支撑养老保险支出，而贫困地区可能需要更多的支持。政府部门可以制定一个地区经济指标，以考虑各地区的经济实力。三是就业结构。不同地区的就业结构影响了养老金的缴费水平和领取水平。政府部门可以考虑就业结构，以确定是否需要进行资金分配的调整。四是医疗资源分布。地区内医疗资源的充足程度可能会影响老年人的医疗支出，从而影响养老保险基金的需求。政府部门可以考虑不同地区的医疗资源分布情况，以确定是否需要进行资金分配的调整。

其次，建立一个灵活的分配机制，以适应不同地区的需求变化。这可以通过以下方式实现：一是基于实际需求的调整。政府部门可以设立一个灵活的资金分配机制，允许根据各地区的实际需求进行调整。当某一地区的老年人口增加或经济形势发生变化时，政府部门可以相应地调整资金分配，以确保资金能够满足新的需求。二是定期审查与调整。政府部门应建立定期审查资金分配政策的机制。这可以包括每年或每两年对分配政策进行审查，以反映各地区的实际情况和需求变化。审查的结果可以作为政策调整的依据，以确保分配政策的灵活性和适应性。

最后，分配决策的透明性对于建立信任和减少争议至关重要。政府部门可以采取以下措施来提高分配决策的透明性：一是公开分配政策和标准。应当在政府部门官方网站上公开分配政策和标准，向公众和各地区提供有关分配决策的详细信息。这包括分配政策的制定依据、标准的设定方法、权重的确定等。二是独立监督机构。可以建立一个独立的监督机构，负责监督分配过程的公平性和合法性。这个机构应该由独立的专业人员组成，能够提供客观的评估和建议。监督机构可以对分配决策进行审查，并向政府部门和公众提供有关分配过程的报告。

（四）监管与透明度

1. 监管规则和制度的建立

首先，监管规则和制度的必要性。监管规则和制度的建立对于确保养老保险基金的安全性、可持续性和透明度至关重要。这些规则和制度有助于规范基金管理机构的行为，确保其遵守法律法规，保护参保人的权益，降低潜在的风险，提高养老金制度的稳定性。

其次，监管规则和制度的内容。监管规则应明确规定基金管理机构的职责和权限，包括投资决策、资产配置、风险管理等方面的具体要求。这有助于防止管理机构滥用权力，确保其行为合法合规。监管机构可以制定投资标准，规定基金可以投资的资产种类、投资比例、风险等级等。这有助于控制基金的投资风险，确保基金的安全性。监管规则应设定风险控制要求，要求基金管理机构建立风险管理体系，包括风险评估、风险监测、风险报告等。这有助于提前发现和应对潜在的风险，降低风险事件发生的概率。

再次，监管工具的建立。监管机构可以设定投资限额，限制基金对某一类资产的投资比例，以确保投资组合的分散化和风险控制。不同类型的资产可以根据其风险特性设定不同的投资限额。建立审计和检查程序，定期对基金管理机构的投资决策和运营情况进行审计和检查。这有助于发现潜在的问题和违规行为，及时采取措施加以纠正。

最后，监管规则和制度的执行和迭代。监管规则和制度的建立只是第一步，其执行和不断的迭代也是至关重要的。监管机构需要确保规则得到有效执行，对违规行为采取制裁措施。同时，监管规则也需要根据市场状况和制度需求进行不断的更新和完善，以适应不断变化的环境。

2. 信息披露和透明度

首先，信息披露的重要性。信息披露是确保养老保险基金管理透明度和公开性的关键因素之一。透明度意味着基金管理机构向参与者和社会公众提供关于基金运作和投资情况的详细和准确信息。这对于建立信任、提高监管效力、保护参与者权益和确保养老金制度的长期可行性都至关重要。

其次，信息披露的内容和方式。其一，基金管理机构应定期披露基金的投资组合，包括持有的各种资产类别、投资比例和市值。这有助于参与者了解基金的投资策略和风险分散情况。基金的投资收益是参与者最关心的。其二，政府部门可以要求基金管理机构公布基金的年度、季度或月度收益率，以及历史表现。这有助于参与者评估基金的绩效。其三，基金管理机构应公布基金的资金流动情况，包括充值、提取、投资收益分配等方面的信息。这有助于参与者了解基金的流动性和资金使用情况。其四，基金管理机构应披露有关基金管理费用、运营成本和其他费用的信息。这有助于参与者了解基金的费用结构和影响投资回报的因素。其五，基金管理机构应公布投资决策的流程和决策者，以及如何确保决策的合理性和公平性。这有助于提高决策的透明度，减少不当政治干预和利益冲突的风险。

最后，信息披露的频率和及时性。信息披露应该具有一定的频率，以确保参与者可以定期获得最新的信息。例如，可以规定基金管理机构每季度公布基金的最新投资情况和收益状况，同时提供年度报告以总结整个年度的表现。

二、监督与审计机制的重要性

（一）确保基金管理透明度与合规性

1. 增强管理透明度

在养老保险基金管理中，透明度是确保合规性和参与者信任的基础。监督与审计机制通过以下方式增强管理透明度：第一，定期审计。政府部门和监管机构可以定期对养老保险基金的资金流向进行审计。这包括对资金的来源、去向、投资组合等方面的审查，以确保所有操作都被记录和追踪。第二，信息公开。监督与审计机制要求基金管理机构向参与者和社会公众公开有关基金管理的信息。这包括投资策略、风险分析、费用结构等内容的公开披露，确保信息对所有利益相关方都是可访问的。第三，报告制度。基金管理机构需要定期提交详细的报告，包括投资绩效报告、财务报告和运营报告等。这些报告提供了对基金管理的全面了解，有助于发现潜在问题和不正当操作。

2. 信息向参与者和公众提供

监督与审计机制有助于向参与者和社会公众提供基金管理的详细信息，包括：第一，投资组合披露。基金管理机构应当公开养老保险基金的投资组合，包括股票、债券、房地产等资产类别的持仓情况。这有助于参与者了解基金的风险分散和资产配置。第二，收益与损失。定期公布基金的收益状况，包括投资收益、分红、利息等。同时，也需要公开损失情况以保持透明。第三，费用结构。揭示基金管理机构的费用结构，包括管理费、托管费、运营成本等。这确保了费用的合理性和透明性。

3. 合规性的确保

监督与审计机制在维护合规性方面发挥关键作用，确保基金管理机构遵守法律法规和政府部门政策。第一，审查合规性。审计机构可以对基金管理机构的运作进行审查，以确保其操作符合法律法规的规定。这包括对投资决策、资金流向和风险控制的审核。第二，合规性报告。审计机构可以发布合规性报告，详细说明基金管理机构的合规性情况。这有助于政府部门和监管机构了解问题所在，并采取必要的纠正措施。第三，法律法规遵守。监督与审计机制应确保基金管理机构不违反任何相关法律法规。对于违规行为，监管机构应采取严格的执法措施，确保合规性。

（二）保障风险控制与资金安全

1. 有效风险管理

在养老保险基金管理中，有效的风险管理至关重要，以确保基金的安全性和可持续性。监督与审计机制在风险控制方面发挥着关键作用：第一，风险识别与评估。监督与审计机制可以帮助基金管理机构及时识别并评估各种潜在风险，包括市场风险、信用风险、操作风险等。通过对不同风险因素的监测和分析，可以更好地了解风险的性质和程度。第二，风险控制策略。基金管理机构可以制定并执行适当的风险控制策略，以降低投资风险。这可能包括分散投资组合、设定风险限额、采取对冲策略等。监督与审计机制可以审查这些策略的有效性和合规性。第三，危机管理。监督与审计机制应确保基金管理机构制定危机管理计划，以迅速应对突发性风险事件。这包括市场崩溃、金融危机等情况下的紧急应对措施。

2. 资金安全的保障

监督与审计机制不仅有助于风险控制，还可以确保基金资金的安全。第一，资金流向监测。审计机构应对基金的资金流向进行严格监测。这包括确保资金按照合规程序流入和流出，防止滥用、挪用或侵占基金资产的情况发生。第二，投资决策审查。审计机构可以审查基金管理机构的投资决策，确保投资操作合法合规。这包括确保投资决策是基于明确的投资政策和风险管理框架。第三，资产估值和审计。审计机构可以对基金资产的估值进行独立审计，以验证其准确性。这有助于防止虚假估值和不当操作。

（三）避免不当政治干预和利益冲突

1. 防范政治干预

第一，独立性的维护。监督与审计机制的核心是确保审计机构的独立性。政府部门应当设立独立的审计机构，不受政治力量干扰，以保障基金管理的独立性。审计机构应由专业人员组成，他们的聘任和工作应该与政治干预无关，以确保决策过程不受政治影响。第二，透明的决策流程。政府部门和监管机构应建立透明的决策流程，明确基金管理的决策程序和责任划分。这可以减少政治力量插手决策过程的机会，确保决策过程合理、公平。第三，法律法规的明确性。政府部门应制定明确的法律法规，明确政府部门和政治力量在基金管理中的职责和权力范围。这有助于防止政治力量滥用权力，干扰基金管理。

2. 减少利益冲突

第一，利益冲突的识别与解决。审计机构应对基金管理机构的运作进行审查，以识别潜在的利益冲突。一旦发现，应采取措施解决这些冲突，例如要求相关方披露他们的利益关系，并采取措施防止冲突对基金的不利影响。第二，制定道德准则。基金管理机构和审计机构可以制定专门的道德准则，明确各方的行为规范和道德要求。这有助于规范各方的行为，减少利益冲突的可能性。第三，透明度的提高。政府部门可以通过信息披露要求，要求基金管理机构和相关方披露其与基金管理相关的利益关系。这将增加透明度，让公众能够监督各方的行为。

监督与审计机制在城乡社会养老保险基金管理中具有重要作用，可以有效保障基金的安全运行和参与者权益，提升基金管理的透明度和合规性。这些机制的建立需要政府部门的积极推动和专业规划，确保基金管理的持续稳定发展。

第三节　城乡社会养老保险基金的风险控制和投资运营

一、基金风险管理与监测

（一）风险管理

1. 风险识别和分类

首先，市场风险。市场风险是指由市场因素引起的资产价格波动和投资收益的不确定性。这类风险主要分为两大类：

系统性风险。也称为整体风险，它是整个市场系统性因素引起的风险，无法通过分散投资来消除。例如，全球金融危机导致的市场崩溃就是典型的系统性风险，它影响了所有资产类别，无论分散程度多高的投资组合都受到了影响。

非系统性风险。也称为特定风险，是某个特定企业或行业所面临的风险，可以通过分散投资来降低。例如，某家公司因管理层问题而股价下跌，这是一个非系统性风险，只会影响持有该公司股票的投资者。

其次，信用风险。信用风险是指债券、债务工具或其他金融产品发行方无法按时兑付本金和利息的风险。信用风险包括：

违约风险：这种风险是最常见的信用风险，发行方未能按约定的时间和金额偿还债务。这可能是由于发行方财务问题、经营不善或其他原因导致的。

评级下调风险：评级机构可能会根据发行方的财务状况和信用表现对其信用评级进行调整。评级下调可能导致债券价格下跌，从而损害投资者的利益。

再次，流动性风险。流动性风险是指无法及时以合理价格进行买卖或转让资产的风险。流动性风险可能包括：

市场流动性不足：当市场中没有足够的买家或卖家时，投资者可能无法迅速出售或购买资产，导致交易延误或无法按计划实现。

持有不受欢迎的资产：某些资产可能不太受市场欢迎，因此它们的流动性可能较低。如果投资者持有这些资产，可能需要更长时间才能卖出，并可能以较低价格卖出。

最后，操作风险。操作风险是由于人为失误、系统故障、内部控制不善等因素引起的风险。操作风险包括：

人为失误：这可能包括错误的交易指令、不当的投资决策或投资组合管理错误。

系统故障：例如，交易系统、结算系统或报告系统的故障可能会导致交易失败或延误。

内部控制不善：内部流程和控制的不善管理可能导致错误或盗窃。

2. 风险评估和量化

风险评估是城乡社会养老保险基金管理的重要组成部分，旨在全面了解和识别可能对基金产生负面影响的潜在风险。它有助于提前预测和应对风险事件，确保基金的安全和可持续运营。

首先，风险评估的方法。第一，定性风险评估。定性评估主要侧重于识别可能的风险因素，包括市场风险、信用风险、流动性风险和操作风险。定性评估可以通过专业分析、经验判断和专家咨询来完成。第二，定量风险评估。定量评估涉及使用数据和数学模型来量化风险的概率和影响。这包括使用统计分析、风险模型和蒙特卡洛模拟等方法。例如，可以使用历史数据来估算市场风险的波动性，或使用债券的信用评级数据来评估信用风险。

其次，风险评估的内容。第一，市场风险评估。市场风险评估包括分析市场波动性、股票和债券价格的变动、宏观经济因素对基金的影响等。通过定性分析和定量模型，可以评估市场风险的可能性和潜在影响。第二，信用风险评估。信用风险评估涉及分析基金持有的债券和债务工具的信用质量、发行方的财务状况和评级信息。定性评估可以考虑发行方的行业地位和经营状况，而定量评估可以使用历史违约率数据和信用违约掉期来量化信用风险。第三，流动性风险评估。流动性风险评估包括评估基金投资组合中资产的流动性，以及市场流动性因素对基金的影响。可以使用资产的买卖价差和成交量数据来评估流动性风险。第四，操作风险评估。操作风险评估涉及审查基金管理机构的内部流程、控制措施和操作程序，以识别可能导致错误交易、技术故障和操作失误的因素。这可以通过审查操作手册、员工培训和流程测试来完成。

最后，风险评估的定期性。风险评估是一个动态过程，需要定期进行更新和修订。基金管理机构应该建立定期的风险评估机制，以适应市场变化和新的风险因素。定期的评估可以确保基金管理机构及时了解和应对风险，并制定相应的风险管理策略和计划。

（二）风险监测

风险监测是对基金投资组合和市场风险进行定期监测和评估，旨在及时发现风险信号并采取相应措施。具体的风险监测包括：

1. 投资组合监测

首先，结构监测的关键作用。结构监测是城乡社会养老保险基金投资组合管理的重要组成部分，其重要性体现在以下几个方面：第一，分散度评估。结构监测可以帮助管理者了解投资组合中不同资产类别和行业的分布情况。这有助于评估投资组合的分散度，即在不同资产领域的分布情况，以降低特定风险对基金的影响。通过确保适度的分散，可以有效降低整体风险。第二，风险暴露度评估。结构监测还有助于评估投资组合的风险暴露度。如果某个资产类别或行业在投资组合中的权重较高，基金可能在该领域面临潜在的风险。通过监测这些权重，可以更好地了解基金可能受到的市场风险。第三，战略调整。结构监测还为管理者提供了战略调整的机会。如果某个资产类别或行业的表现不佳，管理者可以考虑调整投资组合，以减轻风险或追求更好的回报。这有助于基金在不同市场条件下实现良好的表现。

其次，分布监测的必要性。其一，风险分散。分布监测有助于确保投资组合充分分散在不同资产类别和行业之间。这对于降低整体风险至关重要，因为不同资产类别和行业通常在市场上的表现存在差异。过于集中在某个领域可能会使基金更容易受到特定市场风险的影响。其二，资产配置决策。分布监测还可以为资产配置决策提供依据。如果某个资产类别或行业在投资组合中的权重过高，管理者可以考虑重新分配资产，以实现更合理的资产配置。这可以有助于提高长期绩效。

最后，收益监测的关键作用。其一，绩效评估。收益监测是评估投资组合绩效的关键因素。通过监测投资组合的总体收益率以及各个资产类别和行业的收益率，可以确定投资组合的绩效表现。这有助于管理者了解基金的盈利能力，评估其绩效是否符合预期目标。其二，绩效比较。收益监测还可以将基金的绩效与相关的市场指数或基准进行比较。这有助于确定基金的超额回报或不足，并为管理者提供改进绩效的机会。通过比较基金的绩效与市场表现，可以更好地了解其相对表现。

2. 市场风险监测

首先，宏观经济指标监测。宏观经济指标是评估市场风险的关键因素之一。通过跟踪国内外的宏观经济指标，养老保险基金管理机构可以更好地了解整体经济状况和走势，从而评估市场的宏观经济风险。以下是一些重要的宏观经济指标，需要进行监测和分析：

国内生产总值（GDP）。GDP反映了一个国家或地区的经济总量。对于投资者来说，了解GDP的增长趋势可以帮助他们了解经济的整体表现。低增长或负增长可能表明经济增长放缓，而高增长可能表明经济状况良好。

通货膨胀率。通货膨胀率衡量了物价水平的上涨幅度。高通货膨胀率可能导致货币贬值，影响资产的实际价值。监测通货膨胀率可以帮助管理者采取适当的风险管理措施。

就业数据。就业数据包括失业率、劳动参与率和非农就业数据等。这些数据反映了劳动市场的健康状况。高失业率可能表明经济不景气，而低失业率可能表明就业市场强劲。

其次，利率监测。利率是影响投资组合的关键因素之一，特别是对于固定收益类资产。不同类型的利率（短期、长期、政策利率等）对不同类型的资产产生不同程度的影响。以下是需要监测的一些关键利率：

短期利率。短期利率通常由央行控制，对短期债券和存款利率产生直接影响。监测短期利率可以帮助管理者了解货币政策的变化和市场对短期利率的反应。

长期利率。长期利率通常由市场供需和预期经济走势决定。它们对长期债券和抵押贷款利率有较大影响。管理者需要监测长期利率的趋势，以评估长期债券和其他长期资产的风险。

政策利率。央行的政策利率是货币政策的关键工具之一。政策利率的变化可以影响整体经济状况和金融市场。养老保险基金管理机构需要密切关注央行的政策动向，以了解货币政策的走向。

最后，汇率监测。汇率是全球投资组合管理中的一个关键因素，尤其对于跨境投资和外汇交易。养老保险基金管理机构需要密切关注国内外货币之间的汇率变动，以评估和管理与汇率波动相关的风险。以下是需要监测的一些关键方面：

外汇市场波动。外汇市场的波动可以对养老保险基金的海外资产产生直接影响。管理者需要了解不同货币之间的汇率波动情况，以确定可能的汇率风险。

汇率政策。一些国家可能会采取干预措施来影响其货币的汇率。了解各国的汇率政策和央行干预情况对于管理汇率风险至关重要。

跨境投资风险。汇率波动可能会影响养老保险基金的海外投资回报。管理者需要采取措施来降低这种风险，例如使用汇率套期保值工具。

3. 风险报告和评估

首先，风险报告编制。定期编制风险报告是基金管理中的关键环节，它有助于全面了解基金的风险状况和趋势，为决策提供有力支持。以下是编制风险报告的一般步骤。

第一，数据收集和整理。风险报告的编制始于数据的收集和整理。这包括基金投资组合的相关数据，市场数据，经济数据，以及其他可能影响风险的信息。

第二，风险分类和分析。收集的数据需要根据不同的风险类型进行分类和分析。常见的风险类型包括市场风险、信用风险、流动性风险、操作风险等。针对每种风险类型，需要详细分析其状况和趋势。

第三，趋势分析。风险报告应当对各种风险进行趋势分析，以了解它们是如何随时间演变的。这可以通过比较不同时间段的数据来实现，例如季度、半年度或年度数据。

第四，风险说明和解释。风险报告应当向相关利益相关方清晰地解释风险状况。这包括对各种风险的原因、影响和可能的措施进行说明。

其次，风险评估指标。风险评估指标是用于量化和衡量基金的风险水平和风险控制效果的工具。以下是一些常见的风险评估指标。

第一，风险价值（Value at Risk, VAR）。VaR 是用来估计在特定置信水平下，基金可能遭受的最大潜在损失。它是一个重要的风险度量工具，可以帮助管理者了解基金投资组合的潜在风险。

第二，波动率。波动率衡量了资产价格的波动程度。高波动率通常与高风险相关。管理者可以使用波动率指标来评估资产或投资组合的风险。

第三，风险调整收益率。风险调整收益率将投资回报与承担的风险相联系。这可以帮助管理者了解基金的绩效是否与风险水平相匹配。

第四，夏普比率。夏普比率是一种衡量投资回报与承担的风险之间关系的指标。它帮助管理者评估风险调整后的绩效。

二、投资运营策略与效果评估

城乡社会养老保险基金的投资运营策略是指为实现长期稳定回报而制定的投资计划和操作方式。评估投资运营策略的效果是为了判断基金的投资绩效和可持续发展性。

（一）投资运营策略

1. 投资目标和风险偏好

确定明确的投资目标，如长期稳健增值或保值增值。根据基金的风险承受能力和投资者的风险偏好，确定合适的投资组合和风险控制策略。

2. 资产配置策略

制定合理的资产配置策略，根据市场状况和预期回报，确定不同资产类别的比例分配。考虑投资组合的多元化和风险分散，以降低整体投资风险。

3. 选股和择时能力

对个股的选择和买卖时机的把握，通过深入研究和分析，寻找具有潜力的优质投资标的。运用基本面分析、技术分析等方法，提高选股和择时的准确性和效果。

4. 风险管理和控制

建立科学的风险管理体系，包括风险识别、评估和控制措施。设置风险限制和止损机制，及时应对投资组合的风险波动，并确保基金的安全性和稳定性。

5. 长期投资策略

采取长期投资策略，避免盲目追求短期收益和频繁交易。通过长期持有优质资产，充分享受市场增长和复利效应，实现稳定的长期回报。

（二）效果评估

1. 投资回报率

评估基金的投资回报率，包括年度回报率、累计回报率等。通过比较基金的回报率与预期目标或基准指数，评估投资运营策略的绩效。

2. 风险控制和波动性

分析投资组合的风险控制效果和波动性水平。衡量投资组合的波动性与收益之间的关系，以评估风险管理的有效性。

3. 超额收益

评估基金相对于市场表现的超额收益，即超出基准指数的回报。通过评估超额收益，判断基金管理人员的投资选股能力和择时能力。

4. 风险调整收益率

计算基金的风险调整收益率，以考虑投资组合的风险水平。常用的指标包括夏普比率、特雷诺比率等，衡量基金的风险调整绩效。

5. 可持续性评估

评估基金的可持续发展性，包括基金的资金充足程度、投资组合的稳定性和流动性，以确保基金能够长期运作并满足参保人员的待遇需求。

　　通过对投资运营策略的评估，可以了解基金的投资绩效、风险控制能力和可持续性。这将为基金管理人员提供反馈和改进的方向，以不断提高投资运营的效果和基金的综合能力。

第七章　城乡社会养老保险待遇的确定与调整

第一节　城乡社会养老保险待遇标准的制定和调整机制

城乡社会养老保险待遇标准的制定和调整机制是保障参保人老年生活质量的重要环节。待遇标准的制定需要综合考虑各种影响因素，而调整机制则应具备灵活性和公平性，以适应社会和经济的变化。

一、待遇标准的影响因素

制定城乡社会养老保险待遇标准是一个复杂而关键的任务，涉及多个因素，需要综合考虑以确保待遇的合理性和足够性。

（一）经济水平和物价水平

经济水平和物价水平是制定养老保险待遇标准的关键因素，它们直接影响着待遇标准的合理性和养老金的购买力。城乡地区的经济发展水平存在较大的差异，因此，制定合适的待遇标准需要考虑到不同地区的实际情况。

1. 经济水平

经济水平是城乡地区养老保险待遇标准制定的重要参考因素之一。较高的经济水平通常意味着更高的平均收入和生活水平，因此在这些地区，老年人的基本生活成本相对较高。为了确保养老保险的实际效果，待遇标准可能需要相应提高，以满足老年人的基本需求。

另外，经济欠发达地区的待遇标准可以适度调低。在这些地区，生活成本较低，相同金额的养老金可能具有更好的购买力，因此可以根据当地的实际情况制定相对较低的待遇标准，以避免财政负担过重。

2. 物价水平

物价水平是制定待遇标准时必须考虑的因素之一。不同地区的物价水平存在差异，高物价地区的老年人需要支付更多的生活费用。因此，在制定待遇标准时，应该根据当地的物价水平进行差异化调整。

高物价地区的老年人可能需要更高的养老金来覆盖日常开支，否则可能会因为生活压力增加而影响其生活质量。通过根据物价水平进行调整，可以更好地保障老年人的基本生活需求，提高待遇标准的实际效果。

合理根据不同地区的实际情况进行差异化调整，可以更好地满足老年人的需求，保障养老保险制度的可持续性和公平性。

（二）劳动力市场

劳动力市场的供求状况对待遇标准的制定具有重要影响。如果劳动力市场紧缺，老年人可能面临较高的机会成本，因为他们可能会继续工作以获得更高的收入。因此，待遇标准需要相应提高，以保障他们在退休后的生活水平。

劳动力市场的供求状况在制定养老保险待遇标准时具有重要的影响。劳动力市场的紧张程度直接影响着老年人的机会成本，也就是他们在退休后可能选择继续工作以获得更高收入的机会。因此，制定合适的待遇标准需要充分考虑劳动力市场的变化。

1. 供求关系

劳动力市场的供求关系决定了就业机会的数量和质量。如果劳动力市场供求紧张，即就业机会较多，老年人在退休后可能会选择继续从事一些兼职或临时工作，以获取更高的收入和福利。这就意味着他们的退休生活并不完全依赖于养老金，而是在一定程度上依靠劳动收入，从而减轻了养老保险的财政压力。

2. 机会成本

机会成本是指当老年人选择继续工作时，放弃了其他可能的收益。如果劳动力市场紧张，老年人可能会面临较高的机会成本，因为他们可以在劳动力市场上找到更多的机会。因此，为了在退休后能够吸引足够的人选择领取养老金而不是继续工作，待遇标准需要相应提高。

3. 退休意愿

劳动力市场的供求情况还可能影响老年人的退休意愿。在劳动力市场供求充足的情况下，老年人可能更愿意选择退休，因为他们相信在退休后能够享受到稳定的养老金待遇。相反，在劳动力市场供求紧张的情况下，老年人可能会更愿意继续工作，以获取更高的收入和福利。

（三）人口老龄化程度

人口老龄化是当前社会面临的重要挑战之一，对于制定养老保险待遇标准产生了深远影响。随着医疗技术的进步和生活水平的提高，人们的平均寿命不断延长，导致老年人口比例逐渐增加，人口老龄化程度逐渐加深。这将对养老保险制度带来新的挑战和压力。

1. 支出压力的增加

人口老龄化意味着养老保险的支出压力将逐渐增加。随着老年人口比例的提高，需要支付的养老金支出也会相应增加，这可能导致养老保险基金的资金不足问题。因此，在制定和调整待遇标准时，需要充分考虑人口老龄化对养老保险支出的影响，确保养老金的支付能够满足老年人的基本生活需求。

2. 可持续性的考量

人口老龄化程度的加深可能影响养老保险制度的可持续性。如果支出增加速度超过了基金的增长速度，就可能出现养老保险基金的短缺问题，进而影响到待遇的支付。因此，在制定待遇标准时，政府部门需要综合考虑养老金的支付能力和基金的健康状况，确保制度能够长期稳定运行。

3. 灵活调整策略

人口老龄化程度的变化是一个长期的趋势，但其影响可能因地区而异。有些地区可能面临更严重的老龄化问题，而另一些地区可能相对较轻。因此，在制定养老保险待遇标准时，需要采取灵活的调整策略，根据不同地区的人口老龄化程度，进行差异化的待遇标准制定，以确保制度的公平性和可持续性。

4. 综合政策应对

人口老龄化不仅仅是养老保险制度面临的问题，还涉及医疗、社会福利等多个领域。政府部门需要制定综合政策，通过提高养老金投资收益、延迟退休年龄、促进老年人就业等方式，应对人口老龄化带来的挑战，确保社会各项制度的协调运行。

（四）社会平均工资

待遇标准通常与社会平均工资挂钩，以确保待遇的相对稳定性。社会平均工资的增长可以为养老金提供一定的调整基础，使待遇与经济发展保持一定的同步性。然而，也需要注意工资增长与通货膨胀之间的平衡，避免待遇实际购买力的下降。

社会平均工资作为养老保险待遇标准的参考指标，在制定和调整待遇时发挥着重要作用。待遇标准与社会平均工资的挂钩有助于保障老年人的生活水平，并使养老金的购买力保持一定的稳定性。

1. 待遇的相对稳定性

将待遇标准与社会平均工资挂钩，可以确保待遇的相对稳定性。社会平均工资通常反映了一定时期内全体劳动者的收入水平，将待遇与之关联可以使养老金在一定程度上与社会经济的整体状况保持一致，避免待遇在长期内出现较大幅度的波动。

2. 同步性与调整基础

社会平均工资的增长为养老金的调整提供了基础。随着社会经济的发展和工资水平的提高，老年人的养老金待遇也应当得到相应的提升，以保障其基本生活需求。因此，养老金的调整幅度通常与社会平均工资的增长率相关联，这有助于在一定程度上维护老年人的生活水平。

3. 通货膨胀与购买力的平衡

尽管社会平均工资与养老金的调整挂钩，但同时需要注意通货膨胀对待遇购买力的影响。如果通货膨胀率高于社会平均工资的增长率，老年人的待遇实际购买力可能会下降。因此，在调整待遇时，除了考虑社会平均工资的变化，还需要综合考虑通货膨胀等因素，确保待遇能够真正满足老年人的生活需求。

4.跨地区差异的考虑

虽然社会平均工资反映了一定地区或国家范围内的平均水平，但实际上不同地区之间的工资水平差异较大。因此，在将待遇与社会平均工资挂钩时，需要考虑不同地区之间的差异，确保待遇标准在全国范围内的公平性。

制定城乡社会养老保险待遇标准需要综合考虑经济水平、劳动力市场、人口老龄化程度和社会平均工资等多个因素。在制定标准时，需要考虑这些因素的相互影响，以确保待遇标准能够适应不同地区和不同时期的需求变化，保障参保人的基本生活需求和养老需求。

二、调整机制的灵活性与公平性

在制定和调整城乡社会养老保险待遇标准的机制时，灵活性和公平性是两个至关重要的方面。这两者的合理平衡将直接影响到养老保险制度的可持续性和社会公平性。

（一）调整机制的灵活性

1.定期调整机制的重要性

首先，定期调整机制在城乡社会养老保险制度中的重要性不可忽视。这一机制是为了确保养老金的实际购买力能够随着时间的推移而保持稳定，从而有效地满足参保人的养老需求。

其次，定期调整机制的核心目标是维护养老金的实际购买力。随着时间的推移，通货膨胀和生活成本的变化可能导致养老金的实际价值逐渐减少。如果不进行调整，参保人最终可能会发现自己的养老金无法满足日益增长的生活费用，从而陷入经济困境。通过定期调整，政府部门可以确保养老金的实际购买力在一定程度上得以维护，帮助参保人维持其生活水平。

2.通货膨胀与购买力稳定

首先，通货膨胀是一种普遍存在的现象，通常由货币供应的增加、需求上升、成本上涨等多种因素引起。当通货膨胀率高于养老金待遇的调整率时，养老金的实际购买力将会下降。这意味着，参保人拿到的养老金金额虽然在名义上可能保持不变，但却无法购买与之前相同数量的商品和服务，因为物价上涨导致货币的实际价值下降。

其次，通货膨胀对于养老金的购买力稳定性构成了重大威胁。购买力是指一定数量的货币可以购买的商品和服务的总价值。当养老金的购买力下降时，参保人可能会发现自己无法满足日益增长的生活费用，尤其是在老年阶段，医疗、药物和基本生活成本通常上升较快。这可能导致养老人口的生活质量下降，甚至陷入经济困境。

3.调整机制的透明度

首先，建立透明的调整机制需要明确定义政策的目标。政府部门应明确说明养老金政策的长期目标，例如确保参保人的生活水平、提高养老金的实际价值等。这些目标可以作为调整机制的基础，使政策更加明确和可衡量。

其次，透明度还包括参保人的参与。政府部门可以通过咨询、问卷调查等方式听取参保人的意见和建议。这种参与可以增加政策的合法性，确保政策更好地满足参保人的需求。此外，政府部门应该向参保人提供关于养老金政策的信息，以帮助他们更好地理解政策的目标和调整机制。

透明的调整机制还需要清晰地定义经济和社会指标，这些指标将用于确定养老金的调整幅度。政府部门应该解释选择这些指标的理由，并确保它们是公平和可靠的。此外，政府部门应该公开发布有关这些指标的数据和计算方法，以增加透明度和可追溯性。

（二）调整机制的公平性

1. 分档次制度的实施

分档次制度的第一步是制定明确的分档标准。这些标准通常基于参保人的收入水平，但也可以包括其他因素，如家庭收入、个人工资、财产状况等。这一过程需要广泛的研究和数据分析，以确保标准的科学性和公正性。政府部门需要考虑到不同地区和行业的差异，确保分档标准的适用性。

一旦分档标准确定，政府部门需要制定不同档次的待遇标准。通常情况下，高收入档次的参保人将享受较低的养老金待遇，而低收入档次的参保人则享受较高的养老金待遇。这种分档待遇标准的制定有助于确保不同收入水平的参保人都能够获得相对公平的待遇，减少社会收入不均问题的存在。

分档次制度需要定期调整和监测，以确保其反映了社会经济变化、通货膨胀等因素的影响。政府部门应建立一个机制，定期审查和更新分档标准和待遇标准，以适应不断变化的情况。这有助于保持制度的可持续性和公平性。同时，政府部门还应该建立绩效评估机制，评估分档次制度的实施效果，发现和纠正制度中的不合理差距。

2. 考虑地区和行业差异

第一，地区差异的考虑。政府部门可以考虑将高成本地区的养老金待遇标准相对较高，以反映高生活成本。这种调整有助于确保在高成本地区工作和生活的参保人能够获得足够的养老金，以维持其基本生活水平。高成本地区的住房、医疗和其他生活费用通常较高，因此，待遇标准的微调可以更好地满足他们的需求。相反，在低成本地区，政府部门可以考虑将养老金待遇标准设定相对较低。这不仅有助于降低养老保险制度的财政压力，还反映了低成本地区的生活费用较低。然而，政府部门应确保即使在低成本地区，养老金待遇仍能够维持基本的生活水平。

第二，行业差异的考虑。政府部门可以考虑为从事高风险行业的参保人制定相对较高的养老金待遇标准。高风险行业，如矿业、建筑业等，通常伴随着更高的健康风险和工伤风险。为了鼓励人们从事这些行业，政府部门可以提供更具吸引力的养老金待遇，以反映他们的贡献和风险。在高薪资行业工作的参保人可能有更高的储蓄能力，因此政府部门可以为他们制定相对较低的养老金待遇标准。这种差异化待遇标准有助于降低养老金制度的财政负担，并确保资源更多地流向那些更需要支持的群体。

第三，绩效评估和修正。政府部门应建立绩效评估机制，定期评估分档次制度的实施效果。这包括监测不同地区和行业参保人的养老金领取情况、生活水平、财务状况等数据。绩效评估的结果应该用于调整待遇标准，以确保制度达到减少社会收入不均的目标。政府部门还应根据实际情况修正分档标准和待遇标准，以适应不断变化的经济和社会环境。

第二节　城乡社会养老保险待遇支付的问题和措施

一、城乡社会养老保险支付方式

（一）一次性支付

在城乡社会养老保险制度下，参保人在达到法定退休年龄或满足退休条件后，可以选择一次性领取其养老金。这种支付方式适用于那些希望一次性获得全部养老金的人，通常是一部分人选择的方式。一次性支付的特点包括以下几方面：

1. 资金一次性获得

一次性支付方式的最大特点是，参保人在达到法定退休年龄或满足退休条件后可以一次性获得其积累的全部养老金。这意味着参保人可以在短时间内获得一笔较大数额的资金，可以用于应对突发支出或投资其他项目。这种方式对于那些希望在退休后迅速支配养老金的人来说，具有吸引力。

2. 风险和管理责任

然而，一次性支付方式也带来了一定的风险和管理责任。与其他领取方式不同，一次性支付要求参保人自行管理养老金。这包括理财和风险管理，因此需要一定的理财能力。参保人需要考虑如何合理地投资、分配和保值养老金，以确保其在退休后仍然能够满足生活需要。这需要参保人具备一定的财务规划和投资知识，或者寻求专业理财师的建议。

3. 灵活性

一次性支付提供了资金的灵活性。参保人可以根据自己的需求和计划，在获得养老金后自由支配资金。这意味着他们可以用于购买房产、支付医疗费用、支持子女教育，或者进行其他投资。这种灵活性有助于满足个人的不同需求和目标。

一次性支付也存在一定的风险。一些人可能在退休后一次性领取养老金后，由于理财不善或突发财务需求而导致资金短缺。这可能使他们面临财务困难，需要仔细规划和管理资金，以确保其足够支撑退休生活。

（二）月度支付

月度支付是最常见的养老金支付方式。参保人每个月领取一定金额的养老金，以维持其生活所需。这种支付方式的特点包括：

1. 稳定生活支持

月度支付方式为参保人提供了稳定的生活支持。每个月领取一定金额的养老金有助于维持参保人的日常生活，特别是在退休后，养老金成了他们的主要经济来源。这种持续性的支付方式使参保人能够更加稳定地满足基本生活需求，包括食物、住房、医疗和其他生活费用。

2. 预算和规划

月度支付方式为参保人提供了更好的财务可预测性和规划性。由于他们知道每个月将会获得多少养老金，他们能够更容易地制定预算和规划支出。这有助于参保人更好地管理个人财务，确保资金能够有效地用于满足各种需求。

3. 社会经济公平

月度支付方式有助于确保养老金的公平分配。每个月支付相同的金额，不论参保人的个人情况如何，都能够确保所有人都能够享受到养老金的平等待遇。这种公平性有助于减少社会不平等，确保社会经济公平性的实现。

（三）季度支付

在某些情况下，养老金也可以按季度支付，而不是每个月支付。这种支付方式对于那些希望更灵活地规划资金的人可能更有吸引力。季度支付的特点包括以下几方面：

1. 更灵活的现金流

季度支付方式为参保人提供了更大的现金流间隔。与每月支付相比，每个季度获得一笔较大的资金可能更适合一些人的需求。这种灵活性使他们可以在每个季度末获得一笔较大的资金，用于满足季度性支出或投资需求。例如，他们可以更容易地支付季度性账单，进行季度性投资，或者规划季度性的旅行和活动。

2. 理财机会

较长的支付间隔也可能为参保人提供更多的理财机会。由于资金到账间隔较长，参保人有更多时间考虑如何最有效地利用这笔资金。他们可以选择将资金储蓄起来，进行更长期的投资，或者寻找具有季度性收益的投资机会。这种灵活性使他们能够更好地管理和增值养老金。

季度支付也可能对一些人构成财务规划挑战。支付间隔较长意味着参保人需要更好地预算和管理资金，以确保在每个季度末能够满足生活和支出需求。如果财务管理不善或者没有进行合理的预算规划，季度支付可能会导致资金不足或者无法满足紧急支出。

（四）半年度支付

半年度支付类似于季度支付，是指将养老金每半年支付一次。这种支付方式通常要求参保人具有更强的理财能力，以确保在较长的时间内管理好资金。半年度支付的特点包括：

1. 较长的支付间隔

半年度支付要求参保人能够在较长的支付间隔内管理养老金。相对于月度和季度支付，半年度支付的时间跨度更大，因此需要更为严格的财务预算和理财计划。参保人必须确保在半年内的资金需求得到满足，包括生活费用、医疗开支、房租或房贷等，因此财务规划显得尤为重要。

2. 理财机会

半年度支付也为参保人提供了更多的理财机会，但与之伴随的是更大的理财风险。由于支付时间跨度较长，参保人可以更充分地考虑如何最大程度地利用这笔资金。他们可以选择将资金投资于较长期限的项目，寻找高回报的投资机会，或者进行更复杂的财务规划。然而，这也意味着他们需要更好地应对市场波动和风险，以确保养老金的保值和增值。

3. 适用于有其他收入来源的人

半年度支付通常适用于那些退休后仍然拥有其他稳定收入来源的人。这些额外的收入来源可以包括租金、投资回报、农业收益或其他退休金计划。半年度支付的养老金在这种情况下可以作为额外的收入，用于提高生活质量、扩展理财机会或应对特定的支出需求。然而，对于完全依赖养老金的人来说，半年度支付可能会面临更大的挑战，因为他们需要在较长时间内管理有限的资金。

（五）年度支付

有些养老金计划提供年度支付选项，参保人每年领取一次养老金。这种方式通常适用于那些退休后仍有其他稳定收入来源的人。年度支付的特点包括以下几方面：

1. 稳定性

年度支付方式为参保人提供了养老金的稳定性，尽管支付频率较低。每年一次的养老金领取可以作为一种可靠的、稳定的经济来源，有助于提供基本的生活支持和经济稳定性。这对于那些退休后仍然需要管理有限养老金的人来说尤为重要。

2. 作为额外收入

年度支付通常被视为其他稳定养老金之外的额外收入。这意味着参保人可以将年度支付用于改善生活水平、应对特定的支出需求，或者作为额外的储蓄来源。年度支付可以用于应对一次性的大额支出，例如医疗费用、旅行或购买大件资产，从而提高了生活的质量和舒适度。

3. 适用于有其他退休计划的人

年度支付通常适用于那些拥有多个退休计划或其他稳定收入来源的人。这些额外的退休计划可以包括其他养老金计划、投资回报、租金收入等。年度支付的养老金可以作为这些收入的补充，用于满足特定的支出需求或提高生活水平。对于完全依赖年度支付的人来说，财务规划和管理可能需要更为谨慎，以确保养老金在支付频率较低的情况下能够持续满足需求。

（六）灵活支付

一些地区或养老金计划可能允许参保人选择不同的支付方式，根据其个人需要进行调整。这种方式提供了更大的自由度，以适应不同人的不同需求。灵活支付的特点包括以下几方面：

1. 个性化选择

灵活支付方式赋予参保人更多的选择自由度，允许他们根据个人的财务状况、生活需求和偏好来定制养老金支付方式。这包括可以选择的支付频率，如月度、季度、半年度或年度支付。参保人可以根据自己的情况，选择最适合他们的支付方式，以确保养老金能够更好地满足其生活和经济需求。

2. 应对生活变化

灵活支付方式允许参保人随着生活变化和财务需求的变化而随时调整支付方式。例如，当有特殊支出需求时，参保人可以选择更频繁的支付方式来满足这些需求。相反，如果财务状况稳定且没有额外支出时，可以选择较低频率的支付方式。这种弹性使参保人能够更好地应对生活事件和经济变化，从而更好地管理养老金。

3. 风险管理

尽管灵活支付提供了更多的选择，但也需要参保人更好地管理养老金和理财风险。不同支付方式可能涉及不同的风险，例如市场风险、通货膨胀风险和流动性风险。因此，参保人需要谨慎考虑选择支付方式，并在需要时进行相应的风险管理。这可能包括投资组合多样化、储蓄和投资决策的审慎考虑等。

（七）银行转账

养老金可以通过银行转账方式支付给参保人，这种方式安全且方便。参保人不必亲自前往领取，养老金会定期转入其指定的银行账户。银行转账的特点包括以下几方面：

1. 便捷和安全

银行转账方式被认为是一种高度便捷和安全的支付方式。参保人只需提供其银行账户信息，养老金便会按照约定的时间自动转入其指定的银行账户，无须亲自前往领取。这减轻了参保人的负担，特别是对于那些年龄较大或身体不便的人来说，更加方便。

2. 减少现金风险

银行转账方式有效地减少了现金流通和交易的需求。参保人不再需要携带大量现金，从而降低了遗失、盗窃或不慎损失现金的风险。这有助于保障参保人的经济安全，特别是在退休年龄较大时。

3. 电子记录

银行转账方式产生详细的电子记录，记录了养老金的支付和接收过程。这些记录对于监测和管理养老金的流动非常有价值，有助于确保养老金支付的准确性和透明度。同时，电子记录还提供了方便的审计和查验渠道，以确保资金的合规性和安全性。

（八）支票支付

参保人也可以选择领取养老金的支票，然后自行兑现或存入银行。支票支付的特点包括以下几方面：

现金支取：支票支付方式允许参保人以现金形式领取养老金，适用于不太熟悉或不依赖电子银行业务的人。

1. 现金支取

支票支付方式允许参保人以纸质支票的形式领取养老金，这使得他们可以随时将支票兑现为现金。对于那些不太熟悉或不依赖电子银行业务的人来说，这种方式可能更容易理解和使用。

2. 管理责任

与银行转账方式不同，支票支付需要参保人自行管理养老金。这包括妥善保管养老金支票，确保其安全性，并在需要时亲自兑现或存入银行账户。因此，支票支付方式要求参保人具备一定的理财和安全意识，以确保养老金的安全和有效使用。

3. 限制和规定

一些地区或银行可能会对支票支付的额度、频率和使用方式设定一些限制和规定。这需要参保人留意相关规定，以避免违规行为或不必要的麻烦。

二、城乡社会养老保险发放机构

（一）政府部门

政府部门在养老金的支付方面起着至关重要的作用。政府部门设立专门的养老保险支付机构，通常隶属于社会保障或财政部门，负责计算、发放和管理养老金。这些机构具有公信力和公共资源的优势，能够确保养老金的及时支付和资金安全。

政府部门的养老金支付机构通常设有专业的养老金管理团队，他们负责处理参保人的养老金申请、计算每位参保人的养老金待遇、核实资格等工作。政府部门还负责监督和管理养老保险基金的运营，确保基金的安全和稳健管理。政府部门的优势在于其公共性质，能够提供高度可信的服务，让参保人感到安心。

（二）养老保险机构

养老保险机构是专门负责养老保险业务的机构，通常由政府部门设立或授权运营。这些机构拥有充分的经验和专业知识，能够确保养老金的准确计算和及时发放。养老保险机构通常设有专门的养老金管理部门，负责养老金的计算和发放。

这些机构通常具有自主权，能够根据养老保险法规和政府部门政策来管理养老金。他们还会与其他金融机构合作，确保养老金的安全支付。养老保险机构通常会提供咨询和支持服务，以协助参保人了解其养老金待遇和权益。

（三）银行机构

政府部门或养老保险机构可以选择与银行机构建立合作关系，委托银行机构负责养老金的支付。银行机构具有强大的支付和资金管理能力，可以确保养老金的安全和便捷支付。

银行机构通常提供多种支付方式，包括银行转账、支票支付和电子支付，以满足不同参保人的需求。他们还可以提供账户查询和资金管理服务，帮助参保人更好地管理其养老金资金。

（四）第三方支付机构

随着互联网技术和移动支付的发展，第三方支付机构也可以成为养老金发放的一种选择。这些机构通常具有便捷的支付方式和广泛的支付网络，可以方便参保人员进行养老金的领取和管理。

第三方支付机构通常提供手机应用程序或在线平台，使参保人能够轻松查看养老金信息、发放时间表和余额等。他们还可能提供转账、提现和缴费等功能，以满足参保人的多样化需求。这种方式的便捷性和灵活性对于那些习惯使用移动支付的年轻参保人可能更具吸引力。

三、城乡社会养老保险欠费与养老金保障

（一）城乡社会养老保险欠费问题与措施

城乡社会养老保险制度的有效运行和养老金的及时支付依赖于参保人员按规定缴纳养老保险费用。然而，欠费问题的出现可能会对养老保险制度产生不利影响。

1. 根本原因

首先，经济困难。许多参保人员面临经济困难，导致他们难以按时缴纳养老保险费用。这种经济困难可能源自失业、低收入或家庭支出过高等因素。失业的人可能无法支付保险费，低收入者可能感到缴费负担沉重，而家庭支出的增加可能使个人难以支付额外的费用。

其次，不了解规定。一些参保人员可能对养老保险制度的相关规定了解不足，导致他们未能按时缴纳费用。这种不了解规定可能在年轻人初次参保、老年人记忆力减退或文盲等情况下更为普遍。年轻人可能对制度不够熟悉，而老年人可能因认知能力下降而无法理解复杂的规定。文盲或教育水平较低的人可能也更容易产生误解。

再次，疏忽或遗忘。一些参保人员可能因疏忽或遗忘而未按时进行缴费。这可能是由于个人健忘或没有建立提醒机制等原因。生活节奏快、工作繁忙或老年人的生活方式可能使他们忘记缴费日期。

最后，恶意逃费。少数人可能故意不缴纳养老保险费用，试图规避制度或获得不正当利益。这种恶意逃费行为可能与个人财务状况无关，而是出于违法或不道德的动机。

2. 可能导致的后果

首先，养老金发放中断。欠费问题可能导致养老保险机构暂停或中断参保人员的养老金发放。这将直接影响到参保人员的经济生活，特别是对那些依赖养老金来维持日常生活的人。他们可能无法按时支付生活费用，导致生活质量下降。

其次，养老金减少。欠费会降低参保人员的缴费历史，从而降低其养老金水平。因为养老金待遇通常与个人的缴费历史和金额相关，欠费将直接影响到养老金的数额。这可能导致参保人员在退休后无法获得足够的养老金来满足其基本需求，尤其是在老年人口增多的情况下，这可能成为一个严重的问题。

再次，系统负担增加。欠费问题会增加养老保险机构的管理负担。机构需要投入更多资源来追踪欠费情况、催缴费用和处理相关的纠纷。这可能需要额外的人力和财务资源，对养老保险机构的运作造成一定的负担。这也可能导致养老保险机构的效率下降，影响到其他参保人员的服务质量。

3. 解决办法

第一，财政援助。政府部门可以设立专项资金，用于向那些因经济困难而无法缴纳养老保险费用的参保人员提供财政援助。这种援助可以采取一次性补助或定期资金补贴的方式，确保他们能够继续参保，避免养老金发放中断。

第二，教育和宣传。养老保险机构和政府部门可以加强对养老保险制度的宣传和教育工作。这包括开展宣传活动、制作宣传材料，以及提供咨询服务，帮助参保人员更好地理解制度的运作和重要性。提高规定意识可以降低欠费率。

第三，自动扣费。建立自动扣费机制，使参保人员的养老保险费用可以自动从其工资或银行账户中扣除。这可以减少欠费的风险，因为费用会在工资发放时自动扣除，确保按时缴纳。

第四，强化监管。针对恶意逃费行为，政府部门可以采取严厉的监管措施，建立健全的监管体系，确保参保人员按规定缴费。这包括建立投诉渠道，加强对欠费情况的监测和追踪，以及对违规行为进行处罚。

第五，养老金减免。针对一些特殊情况，政府部门可以考虑为贫困或特殊困难群体提供部分或全部的养老金减免。这可以在一定程度上减轻他们的经济负担，确保他们能够获得基本的生活保障。

（二）养老金保障问题与措施

1. 养老金保障问题分析

第一，养老金保障的重要性。养老金是城乡社会养老保险制度的核心目标之一，旨在为参保人员提供退休后的经济保障，维持其基本生活水平。保障养老金的稳定发放对于社会的可持续发展和老年人的生活品质至关重要。

第二，养老金支付能力不足。养老金支付能力不足是养老金保障的一个关键问题。首先，养老保险基金的积累可能不足以覆盖日益增长的退休人口的养老金需求。随着人口老龄化加剧，养老金支出的压力不断增加。其次，如果养老保险基金的投资回报率较低，可能导致基金无法实现足够的增值，进一步削弱了支付能力。

2. 养老金保障问题解决措施

首先，健全基金积累机制。一是政府部门和养老保险机构应建立多元化的资金来源，包括缴费收入、财政补贴、投资收益等。多渠道筹集资金有助于增加基金的充实度和可持续性。二是建立专业的养老保险基金投资管理团队，优化资金的投资组合，追求合理的风险收益平衡，确保资金增值。三是建立有效的财务监管体系，确保基金的使用透明、合法、公正，减少滥用和浪费。

其次，收入替代率的合理设定。基于社会平均工资水平：设定养老金的收入替代率标准时，应充分考虑社会的平均工资水平，以确保养老金能够覆盖参保人员的基本生活需求。一是根据国家的经济发展水平，合理设定不同地区或城乡的养老金收入替代率标准，以反映当地的实际情况。二是确保养老金的收入替代率标准在不同社会群体之间是公平的，不会加剧社会收入不平等问题。

再次，定期评估和调整。一是定期评估国家的经济状况，根据通货膨胀率、国内生产总值等经济指标的变化，适时调整养老金的支付水平。二是考虑社会的变化需求，如医疗费用、长期护理等，确保养老金足够覆盖老年人的多样化需求。三是考虑老龄化趋势和人口结构的变化，调整养老金的支付方式和水平，以应对老年人口增加的挑战。

第三节　城乡社会养老保险待遇公平性和可持续性的平衡

一、公平性问题的解决与权衡

公平性是城乡社会养老保险制度设计中的核心原则之一，但在实际操作中，不同地区和群体之间存在差异，因此需要权衡各种因素以实现公平。

（一）地区差异的权衡

城乡社会养老保险制度的设计必须兼顾城市和农村地区之间的差异，以确保待遇的公平性。地区差异涵盖了经济水平、物价水平、生活成本等多个方面，因此，在制定待遇标准时需要进行仔细地权衡和调整。

1. 经济水平的权衡

城市和农村地区的经济水平差异较大，因此待遇标准需要根据地区的经济发展水平进行权衡。在经济相对较发达的城市地区，老年人的生活成本通常较高，因此可以适当提高待遇标准，以确保他们能够维持基本的生活水平。而在农村地区，生活成本相对较低，待遇标准可以适度调整，以反映当地实际情况。

2. 物价水平和生活成本的权衡

物价水平和生活成本是城乡地区差异的重要体现。高物价地区的老年人可能面临更高的生活压力，因此待遇标准需要充分考虑当地的物价水平。政府部门可以根据不同地区的消费价格指数，制定相应的调整机制，确保待遇的实际购买力能够维持相对稳定。

3. 可负担性的权衡

不同地区的经济基础和税收收入也影响了政府部门的财政承受能力。在制定待遇标准时，政府部门需要权衡养老保险基金的可负担性。对于经济较为欠发达的地区，如果过高的待遇标准可能对地方财政造成较大压力，反而影响养老保险制度的可持续性。因此，政府部门可以根据地区财政情况，合理确定待遇标准，避免财政风险。

（二）社会平等的考量

在设计城乡社会养老保险制度并权衡地区差异时，保障社会平等是一项至关重要的原则。社会平等意味着每个人都应该有平等的权利和机会，无论其所在地区、职业、收入水平等是否存在差异。在养老保险制度中，体现社会平等的核心是确保每位老年人都能获得基本的养老保险待遇，以满足其基本的生活需求。

1. 基本待遇标准的设立

为实现社会平等，政府部门可以设立一个基本的养老保险待遇标准，确保每位老年人都能够在退休后获得一定的基本保障。这一基本标准可以是针对全国范围内的最低生活成本进行设定，以确保老年人能够基本覆盖食品、医疗、住房等基本生活支出。无论老年人所在地区，都应该至少能够获得这一基本标准的待遇，以实现最基本的社会平等。

2. 弥补差异的补助机制

虽然追求社会平等，但地区差异依然存在。为了弥补这些差异，政府部门可以在基本待遇标准的基础上设立差异化的补助机制。对于经济欠发达地区或收入较低的老年人，可以提供额外的补助，以确保他们能够获得与其他地区相近的生活水平。这种补助机制可以根据地区的实际情况进行调整，以实现相对公平。

3. 信息透明与参与

在制定待遇标准和补助机制时，政府部门应保持信息透明，让老年人了解养老保险制度的具体安排。政府部门可以通过官方网站、社会媒体等途径向公众传达相关政策，鼓励老年人参与讨论和提出意见。充分的信息透明和参与机会可以确保政策制定更加民主和公平。

4. 反对歧视与包容

在实施养老保险制度时，应坚决反对任何形式的歧视。无论老年人所在的地区、职业、文化背景如何，都应该受到平等的对待和保护。制度设计中应充分考虑多样性，确保每个人都能够受益，不会因为其个人特征而受到不公平的待遇。

5. 提高社会认知度

为了落实社会平等的原则，政府部门可以加强宣传，提高社会对养老保险制度的认知度。公众对于制度的了解程度将有助于提高政策的透明度，让人们更好地理解政府部门为实现社会平等所做的努力。

（三）不同群体的平衡

在制定城乡社会养老保险待遇标准时，考虑不同老年人的收入水平、职业背景和劳动年限等因素，是确保待遇公平性的关键一环。这种差异化的待遇策略旨在实现不同群体之间的相对平衡，以满足各群体的养老保障需求。

1. 差别化的待遇策略

政府部门可以通过差别化地待遇策略，根据老年人的收入水平和职业背景来制定不同档次的养老金待遇。对于那些在劳动生涯中获得较高收入的人群，可以提供相对更高的养老金，以保障他们在退休后维持相对较高的生活水平。而对于那些在劳动生涯中收入较低的人群，应提供相应的补贴，确保他们能够获得基本的养老保障。

2. 考虑职业背景和劳动年限

不同职业的劳动强度和风险各异，因此待遇标准也应该充分考虑老年人的职业背景。从事危险性较大的职业可能需要更高的养老金，以反映其在职业生涯中所承受的风险。此外，劳动年限的长短也应该影响待遇的设定，长期从事劳动的人可能需要更大的保障，以应对劳动退休所带来的收入下降。

3. 避免不合理的收入差距

尽管要考虑不同群体之间的差异，但待遇标准的差异化也不应造成不合理的收入差距。政府部门在设定不同档次的待遇时，应保持相对合理的差距，避免高收入群体的待遇过于悬殊，影响制度的公信力和社会稳定性。

二、可持续性保障与改进措施

（一）基于缴费原则的公平性

根据参保人员的缴费历史和缴费金额确定养老金的发放水平，确保参保人员的个人努力和贡献得到公平回报。较长的缴费年限和较高的缴费金额应当得到适当的奖励，以提高制度的公平性。

1. 缴费年限的考虑

根据参保人员的缴费年限确定养老金的发放水平，即较长的缴费年限可以获得更高的养老金待遇。这是基于参保人员在养老保险制度下为社会作出的长期贡献和个人努力，应当得到相应的回报。

2. 缴费金额的考虑

养老金的发放水平也可以与参保人员的缴费金额挂钩。较高的缴费金额表示参保人员在缴费过程中承担了更高的个人负担，应当获得相应的待遇回报。

3. 奖励机制的设立

为了鼓励参保人员更多地缴纳养老保险费用，可以设立奖励机制，例如提供缴费补贴、增加养老金积累速度等，使参保人员在经济能力允许的情况下更多地缴费，以获得更高的养老金待遇。

通过基于缴费原则的公平性考虑，可以确保参保人员的个人贡献和努力得到公平回报，增强养老保险制度的公平性和可接受性。

（二）差别化的待遇标准

考虑到不同地区和群体的经济差异和需求差异，可以在一定范围内设定差别化的待遇标准。例如，根据地区的经济发展水平和物价水平进行调整，以确保待遇的公平性和可持续性。

1.地区差异的考虑

不同地区的经济发展水平和物价水平存在差异，因此可以根据地区的特点设定不同的待遇标准。例如，对于经济相对发达的地区，可以设定较高的待遇标准，以满足当地居民的生活需求；而对于经济欠发达地区，则可以相应降低待遇标准，以适应当地的经济情况。

2.职业差异的考虑

不同职业群体的工资水平和福利待遇也存在差异。可以根据不同职业的特点和工资水平，设定相应的待遇标准。例如，对于高收入职业群体，可以相应降低待遇标准，而对于低收入职业群体，则可以设定较高的待遇标准，以确保待遇的公平性。

3.特殊群体的考虑

一些特殊群体，如残疾人、农民工等，可能面临更高的生活成本和经济困难。可以根据这些特殊群体的需求，设定差别化的待遇标准，提供更多的补贴和福利，以提高其生活质量和保障水平。

（三）社会救助机制的衔接

对于经济困难或特殊情况下的参保人员，应建立相应的社会救助机制，提供额外的补贴和福利，以保障其基本生活需求。这有助于解决特殊群体的养老金待遇公平性问题。

1.社会救助的目标

社会救助旨在帮助那些经济困难或特殊情况下的参保人员，包括生活困难的老年人、残疾人、孤儿等。其目标是提供额外的补贴和福利，以保障他们的基本生活需求，确保他们享有基本的社会保障。

2.救助标准和条件

社会救助机制应设定明确的标准和条件，以确定谁可以获得救助。这可以根据收入水平、财产状况、健康状况等因素进行评估。针对不同的特殊群体，可以制定不同的救助标准和条件。

3.救助范围和内容

社会救助应覆盖到经济困难或特殊情况下的参保人员的基本生活需求。包括提供基本的食品、住房、医疗、教育等方面的帮助，确保他们的基本权益得到保障。

4. 救助与养老金待遇的衔接

社会救助机制应与养老金待遇进行衔接，确保参保人员在经济困难时能够及时获得救助。可以设立机制，将社会救助的信息与养老保险的信息进行共享，以便确定救助的对象和范围。

5. 救助机制的管理和监督

社会救助机制需要建立相应的管理和监督机制，确保救助资金的合理使用和救助对象的权益得到保障。政府部门、社会组织以及相关利益相关方应共同参与，加强监督和管理。

通过建立社会救助机制的衔接，可以确保经济困难或特殊情况下的参保人员能够获得额外的帮助和保障，保证其基本生活需求的满足。这有助于解决特殊群体的养老金待遇公平性问题，并促进社会的公平和稳定发展。

（四）参保人员的知情权和参与权

加强参保人员的知情权和参与权，确保他们对养老金制度的运行和待遇标准有足够的了解和参与。通过加强信息公开、征求意见和建立参与机制，提高参保人员对制度公平性的认知和满意度。

1. 信息公开和透明

政府部门和养老保险机构应加强对养老金制度的相关信息的公开和透明度。包括养老金制度的政策规定、待遇标准、缴费计算方法、投资运营情况等方面的信息。通过建立养老金制度的官方网站、信息公开平台等途径，让参保人员能够方便地获取相关信息。

2. 参与机制的建立

建立参保人员参与养老保险制度运行和管理的机制。可以设立参保人员代表机构、养老保险委员会等组织，代表参保人员的利益和意见，参与制定政策和规定的过程，提出建议和反馈。这样可以确保参保人员的声音被听取，并促进制度的公平性和适应性。

3. 征求意见和调查研究

定期征求参保人员的意见和建议，了解他们对养老金制度的看法和需求。可以通过问卷调查、座谈会等形式，收集参保人员的反馈意见，为政府部门和养老保险机构改进制度提供参考和依据。

4. 信息教育和培训

加强参保人员的养老保险知识和意识的培养。通过开展养老保险知识宣传活动、组织培训课程等方式，提高参保人员对养老金制度的了解和认知水平。这有助于增强参保人员的知情权，使他们能够更好地理解养老金制度和待遇标准。

通过加强参保人员的知情权和参与权，可以提高参保人员对养老金制度的理解和认同度，增强他们对制度的信心，进一步促进养老保险制度的公平性和可持续性。

（五）监督机制和投诉渠道

建立健全的监督机制和投诉渠道，让参保人员能够及时反映和解决待遇公平性的问题。监管部门应加强对养老保险机构和支付机构的监督，确保待遇标准的公正执行和公平发放。

1. 监管机构的角色

监管机构负责对养老保险机构和支付机构的运作进行监督和管理。他们应确保养老金的发放符合相关法律法规和政策规定，养老保险机构和支付机构的行为合法合规。

2. 监督检查和评估

监管机构应定期进行监督检查和评估，对养老保险机构和支付机构的运行情况、养老金发放情况等进行审核和评估。他们应关注待遇标准的执行情况，确保待遇的公平性和准确性。

3. 投诉举报渠道的设立

建立便捷的投诉举报渠道，让参保人员能够及时反映问题和投诉意见。投诉渠道可以通过电话、邮件、在线平台等方式提供，保护参保人员的隐私和权益，确保投诉事项得到及时处理。

4. 投诉处理机制

建立高效的投诉处理机制，对参保人员的投诉进行及时调查和处理。监管机构应设立专门的投诉处理部门或委员会，负责接收、调查和解决参保人员的投诉问题，保障他们的合法权益。

第八章　城乡社会养老保险的运行与监管

第一节　城乡社会养老保险制度的运行机制

一、组织协调与信息管理

城乡社会养老保险制度的运行需要协调各个相关部门和机构的合作，以确保信息流动、政策协调和服务质量。

（一）政府主导与协调

政府部门在城乡社会养老保险制度中的主导与协调作用涵盖了多个关键方面，确保了该制度的顺利运行和老年人的保障需求得到满足。

1. 制定政策与法规

在城乡社会养老保险制度中，政府部门机构扮演着首要角色，负责制定制度政策和法规。为确保制度的合法性和公平性，政府部门需要综合考虑社会经济发展、人口老龄化、劳动力市场等多方面因素。通过建立专门的机构或部门，政府部门可以制定具有前瞻性和可持续性的政策框架，为养老保险制度提供坚实的法律基础。

2. 监督执行和操作

政府部门还需要履行监督的职责，确保养老保险制度得以有效执行和操作。这涉及监督保险费的征缴、养老金的发放等方面。通过建立监督机制，政府部门可以对养老保险基金的使用情况进行审计和监测，以确保资金的合理利用，避免滥用和浪费。这有助于维护制度的可靠性和透明度。

3. 纠纷解决和投诉处理

政府部门应该积极处理参保人的纠纷和投诉，确保制度的透明度和公信力。为此，政府部门可以设立有效的投诉处理渠道，为参保人提供解决问题的途径。设立专门的热线或在线平台，使政府部门能够及时回应参保人的疑虑和问题，从而维护养老保险制度的健康运行。

（二）信息管理系统

1. 建设信息管理系统

在现代养老保险制度中，建立一个完善的信息管理系统是不可或缺的一部分。政府部门可以积极投资开发信息化平台，将参保人的信息、缴费记录、养老金发放情况等关键数据整合在一起，以提高信息的透明度、准确性和可访问性。

2. 实现数据实时更新和共享

信息管理系统的优势在于实现数据的实时更新和共享。通过这一系统，避免了信息录入的重复和错误，有助于提高数据的一致性和可靠性。政府部门可以更轻松地跟踪和管理参保人的信息，为政策制定和管理提供准确的数据支持。

3. 增强信息的透明度

信息管理系统为参保人提供了更多透明的渠道。参保人可以通过在线平台随时查询自己的缴费记录、养老金发放情况等重要信息。这种透明性增加了参保人的知情权，使他们更能够了解自己的养老保险状况，增加了参与感。

4. 监督缴费和发放情况

信息管理系统有助于监督养老保险的缴费和发放情况。政府部门可以设定自动提醒和通知机制，及时提醒参保人缴费，预防拖欠和漏缴的情况。此外，系统可以自动核算养老金的发放金额，保障发放的准确性和及时性，降低错误发放的风险。

通过以上措施，政府部门可以通过信息管理系统实现对养老保险制度的更好管理、更高效运行，从而确保老年人得到充分的保障，同时提升整个制度的可持续性和公信力。

（三）参保人权益保障

在组织协调中，保障参保人的权益是至关重要的方面。政府部门应设立相关机构或渠道，确保参保人能够行使自己的权利并获得合理的保障。

1. 建立投诉处理机制

为保障参保人的权益，政府部门应设立专门的投诉处理机制，使参保人能够轻松地提出投诉和申诉。这些机制需要高效迅速地解决参保人的问题，确保他们的权益得到及时的维护和回应，从而增强参保人的信任感。

2. 加强宣传和教育

政府部门应加强对养老保险制度的宣传和教育，使参保人深入了解自己的权益和义务。通过举办宣传活动、发布易于理解的宣传资料等方式，政府部门能够提高参保人对制度的认知度，帮助他们更好地理解自身权益，从而减少因信息不足引发的误解和纠纷。

3. 建立社会监督机制

政府部门可以设立社会监督机制，促使社会各界参与养老保险制度的监督。通过鼓励非政府部门组织、媒体等发挥监督作用，政府部门能够更快地发现制度运行中的问题，并及时采取改进措施。这样的互动监督有助于增强制度的透明度和公信力。

4. 建立热线和在线咨询平台

为方便参保人获取信息和解决问题，政府部门可以设立热线或在线咨询平台。这些渠道能够为参保人提供及时的咨询和答疑服务，使他们能够了解自己的权益、义务以及养老保险制度的相关政策，从而更好地保护自己的合法权益。

在组织协调与信息管理方面，政府部门需要平衡不同层面的考虑，从而确保养老保险制度的运行机制既能顺畅运转，又能够保障参保人的权益。这需要政府部门制定清晰的政策和法规，建立健全的信息管理系统，并积极与社会各界互动，以实现制度的公平、透明和可持续运行。

二、保险费征缴与参保管理

（一）保险费征缴

1. 缴费对象的确定

根据法律法规规定，确定需要参加城乡社会养老保险的对象，一般包括在职职工、个体工商户、灵活就业人员等。根据不同的参保身份和岗位类别，确定相应的缴费比例和缴费基数。

2. 缴费基数确定

城乡社会养老保险的缴费基数是确定缴费金额的依据。一般根据参保人员的工资收入、经营所得等因素，设定缴费基数的上限和下限。这样可以保证缴费金额的合理性和参保人员的公平性。

3. 缴费比例设定

根据法律法规和实际需要，确定城乡社会养老保险的缴费比例。缴费比例一般由用人单位和个人共同承担，用人单位按比例从工资中扣除，个人按比例自行缴纳。

4. 缴费征收机构

政府部门设立专门的缴费征收机构负责城乡社会养老保险的保险费征缴工作。这些机构负责收集参保人员的缴费信息，计算应缴纳的保险费金额，协助用人单位扣缴和个人缴纳。

（二）参保管理

1. 参保登记与管理

参保人员需要进行参保登记，提供相关个人信息和材料，以便被纳入城乡社会养老保险的范围。参保管理机构负责参保人员的登记、信息管理和档案管理工作，确保参保人员的权益得到保障。

第一，登记要求。参保人员需要根据相关规定向参保管理机构提供个人身份证明、就业证明、户口簿等相关证件和材料，以证明其符合参保条件和资格。这些材料将用于核验和确认参保人员的身份和参保资格。

第二，登记流程。参保人员可以前往当地的参保管理机构或相关社保服务中心进行登记。登记流程包括填写参保登记表、提交相关证件和材料，进行身份验证和信息录入等环节。参保管理机构将审核登记信息，并进行登记确认。

第三，信息管理。参保管理机构负责对参保人员的个人信息进行管理和维护。他们建立相应的信息系统，存储参保人员的基本信息、缴费记录、待遇发放记录等，确保信息的安全性和准确性。

第四，档案管理。参保管理机构建立参保人员的档案，包括个人基本信息、参保登记信息、缴费记录等重要资料。档案管理涉及信息的归档、整理、备份和保密工作，以确保档案的完整性和安全性。

通过健全的参保登记与管理机制，可以确保参保人员的权益得到充分保障，养老保险制度的执行准确性和公正性得以提高。同时，参保管理机构的工作也为养老保险制度的正常运行提供了基础支持。

2. 参保信息更新

参保人员的个人信息和工作情况可能发生变化，需要及时更新参保信息。参保管理机构负责协助参保人员更新个人信息，确保参保记录的准确性和完整性。

第一，更新要求。参保人员需要在个人信息或工作情况发生变化时，及时向参保管理机构进行信息更新。变更情况可能包括工作单位的变动、工资收入的调整、户籍迁移等。及时更新参保信息能够确保参保人员享受到应有的保险权益。

第二，更新流程。参保人员可以通过参保管理机构的线上或线下渠道进行信息更新。更新流程通常包括填写信息变更申请表、提交相关证明材料，如工作证明、工资单等，并进行信息核实和录入。参保管理机构将对更新申请进行审核，并及时更新参保人员的个人信息。

第三，信息变更通知。参保管理机构应当及时通知参保人员有关个人信息更新的要求和流程。他们可以通过短信、邮件、网站公告等方式提醒参保人员进行信息更新，并提供相应的指导和支持。

3. 参保费用核算与缴费提醒

参保管理机构负责核算参保人员的缴费情况，计算应缴费金额，并提醒参保人员按时缴纳保险费用。通过系统化管理和提醒，确保参保人员的缴费行为规范和及时。

第一，参保费用核算。参保管理机构负责核算参保人员的缴费情况。根据参保人员的工资收入和缴费比例，计算应缴费金额。核算过程通常基于参保人员提供的工资单或收入证明进行。

第二，缴费期限与频率。参保管理机构会根据相关规定设定缴费期限和频率，通常为每月或每季度。他们会提前向参保人员发送缴费通知，并明确缴费截止日期和缴费方式。

第三，缴费提醒。参保管理机构通过多种方式向参保人员发送缴费提醒，包括短信、邮件、纸质信函等。提醒内容包括应缴费金额、缴费截止日期、缴费方式等，以确保参保人员能够及时缴纳保险费用。

4. 维护参保人员权益

参保管理机构应保障参保人员的权益，处理参保人员的投诉和咨询，并提供相关的服务和帮助。同时，加强对参保人员权益的宣传和教育，提高参保人员的知情度和参与度。

第一，投诉处理机制。参保管理机构应建立健全的投诉处理机制，确保参保人员有一个有效的渠道来表达意见、投诉问题。机构应及时、公正地处理投诉，并采取相应的纠正措施，保护参保人员的合法权益。

第二，咨询与解答。参保管理机构应提供专业的咨询与解答服务，回答参保人员关于养老保险制度、待遇标准、缴费等方面的问题。通过电话、在线咨询或面对面的方式，帮助参保人员了解自己的权益和义务，增强对制度的信心和理解。

第三，参保人员教育。参保管理机构应加强对参保人员的教育和培训，提高其对养老保险制度的认知和了解。通过举办讲座、发放宣传资料等形式，向参保人员传达有关养老保险的知识，帮助他们更好地理解自己的权益和福利。

第二节　监管体系的建立和完善

一、监管职责与机构设置

建立一个有效的监管体系对于确保养老保险制度的正常运行至关重要。政府部门应明确监管职责，并设立相应的监管机构。这些机构应具备专业性和独立性，能够负责制度执行、资金管理等方面的监督。

（一）监管职责明确

1. 征缴监管

政府部门应确保监管机构有明确的职责来监督养老保险基金的征缴环节。这包括监控用人单位按时足额缴纳养老保险费，防范逃避缴费等违规行为。监管机构需要建立先进的征缴监测系统，实时监测缴费情况，以确保资金的稳定流入。

首先，监督用人单位缴费情况。在养老保险制度中，政府部门的首要任务之一是监督用人单位按时足额缴纳养老保险费。监管机构应确保用人单位遵守缴费义务，防止拖欠和逃避缴费现象。为此，机构需要建立严密的监控系统，通过数据分析和核对，实时追踪缴费情况，确保资金按时流入养老保险基金。

其次，打击逃避缴费行为。监管机构还应采取措施打击逃避缴费的行为。这可以包括建立举报机制，鼓励社会各界参与监督，及时发现并举报逃避缴费行为。同时，加强与税务、劳动监察等部门的合作，实现信息共享，加大对逃避缴费行为的打击力度。

2. 基金管理监管

监管机构应承担养老保险基金管理的监督责任。这涉及对基金的筹集、划拨、保值增值等方面进行监督。机构需要建立严格的基金管理规范和投资限制，确保基金的安全和合理运用，防范投资风险。

首先，基金筹集与划拨监督。监管机构应对养老保险基金的筹集和划拨过程进行监督。机构需要审查各项征缴数据的准确性和合法性，确保基金筹集的透明和合规。同时，对基金划拨至各级账户的过程进行监控，确保资金划拨的及时性和准确性。

其次，投资运营监管。养老保险基金的投资运营是保障基金稳健增值的重要环节。监管机构应建立严格的投资监管制度，明确投资范围和投资限制，防范投资风险。机构需要定期审查投资组合，确保投资策略的合理性和风险控制的有效性。

3. 监管政策制定

监管机构应制定监管政策、规则和标准，为养老保险制度的监管提供指导。这需要包括监管政策的定期修订和优化，以适应养老保险制度发展的需要。政策制定还应考虑风险防范、参保人权益保障等因素，确保制度的公平性和可持续性。

首先，监管政策优化与修订。监管机构应定期审视养老保险监管政策，根据制度发展和变化，及时进行优化和修订。政策制定需要充分考虑参保人权益、基金安全、风险防范等多重因素，以确保政策的科学性和有效性。

其次，制定风险防范策略。监管机构还应制定风险防范策略，以应对可能出现的风险。这需要建立风险评估体系，及早识别潜在风险，制定相应的防范和应对措施。政府部门应与监管机构合作，确保风险防范策略的及时实施。

（二）监管机构设置

1. 专门监管机构设立

首先，机构定位和专注性。政府部门设立专门的养老保险监管机构具有重要的战略意义。这种机构的设立使养老保险制度建立了一个专注、高效的监管环境。以下是机构定位和专注性的关键优势：第一，养老保险领域涉及复杂的法律、金融和风险管理问题。专门监管机构可以集中精力研究和制定监管政策，提高监管的专业性和准确性。这有助于更好地理解养老保险的特点和挑战，制定相应的监管策略，确保养老金体系的稳定和可持续。第二，专门监管机构能够更有效地分配资源，以满足养老保险领域的监管需求。机构可以拥有专业团队，专门负责养老保险的监管工作，不受其他领域监管任务的干扰。这有助于提高监管效率和准确性，更好地维护参保人的权益。

其次，多部门协作。在专门监管机构内部，可以建立不同部门，分别负责不同的监管职能。这种组织结构有助于养老保险领域的监管全面性和细致性。以下是多部门协作的关键优势：第一，设立征缴监管部门可以确保养老保险缴费的合规性和及时性。该部门可以负责监督企业和个人的缴费情况，预防逃缴和欺诈行为，维护养老金的基础资金来源。第二，建立基金管理监管部门可以监督养老保险基金的使用情况。该部门可以审查基金的投资决策、资产配置和风险管理，确保基金的安全和增值，以支持养老金的支付。第三，设立投诉处理和维权部门可以为参保人提供渠道，解决养老保险领域的纠纷和问题。这有助于维护参保人的权益，增强他们对养老金体系的信任感。

再次，专业知识和技术支持。专门监管机构需要拥有充足的监管专业人员，并且能够不断跟进养老保险领域的最新发展。以下是专业知识和技术支持的关键要点：第一，机构的专业团队应具备养老保险、金融、法律等多领域的知识。这样的综合知识有助于应对复杂多变的监管挑战。团队成员可以包括法律专家、财务专家、风险管理专家等，以应对不同方面的监管问题。第二，建立现代化的监管技术是专门监管机构的关键任务之一。这包括建立先进的数据分析和监测系统，以实现实时监控和风险预警。技术支持有助于监管机构更好地了解市场动态、识别潜在风险，以及及时采取措施应对问题。专门监管机构需要拥有充足的监管专业人员，并且能够不断跟进养老保险领域的最新发展。机构的专业团队应具备养老保险、金融、法律等多领域的知识，以便应对复杂多变的监管挑战。此外，机构还需要投入现代化的监管技术，建立先进的数据分析和监测系统，以实现实时监控和风险预警。

2. 部门设置在现有机构基础上

在现有金融监管机构的基础上设立养老保险专门部门。这种做法可以充分利用现有机构的资源和专业知识，实现资源共享和信息互通。养老保险专门部门可以与其他金融领域的监管部门协调合作，确保整体监管体系的一致性和协调性。

首先，资源共享和协调合作。在现有金融监管机构的基础上设立养老保险专门部门，能够充分利用现有机构的资源和专业知识。这种模式可以实现监管机构之间的信息共享和协调合作，确保养老保险监管与其他金融领域监管的一致性和协调性。

其次，综合监管视角。养老保险制度的运行受到多项因素的影响，涉及金融、社会、经济等多个领域。部门设置在现有机构基础上，可以更好地实现综合性的监管，从而更好地应对养老保险制度的复杂性。

最后，人员培训和知识更新。养老保险部门需要确保其监管人员拥有足够的专业知识，能够跟上养老保险领域的最新发展。政府部门应该投入资源，定期组织培训和学习，以提升监管人员的专业水平和综合素质。

3. 资源投入与技术支持

不论是设立专门监管机构还是设立养老保险部门，政府部门都需要充分投入人力和技术资源。机构需要拥有充足的监管专业人员，具备跟踪监管技术，以应对日益复杂的养老保险运行环境。此外，监管机构还需要建立信息系统，以便实现数据监测、风险预警等功能。

首先，人力资源投入。无论是设立专门监管机构还是养老保险部门，政府部门都需要充分投入人力资源。监管人员需要具备充足的专业背景和技能，能够胜任监管工作的复杂性。政府部门应该通过招聘、培训等方式，确保监管团队的高素质。

其次，技术支持建设。在信息时代，监管机构需要建立现代化的信息系统，以支持监管工作的开展。这包括建立数据分析平台，实现实时数据监测和风险预警，从而能够更及时地应对可能出现的问题。监管机构还应投入资源，引入先进的监管技术，提高监管效率和准确性。

通过明确监管职责和设置专门机构，政府部门可以为养老保险制度建立起高效、专业和有力的监管体系。这有助于保障制度的正常运行、参保人权益的保障以及基金的安全管理。同时，监管体系的建立也在学术和实践层面上有着重要的价值。

二、监督检查与风险防范

（一）监督检查

1. 监督检查机制的建立

首先，建立监督检查机制的关键在于确立清晰的法律法规框架。国家或地区需要制定明确的法律和政策文件，明确监督检查的法律依据、职责分工、权力范围和程序，以确保监督活动的合法性和规范性。

其次，需要设立专门的监督检查部门，这些部门应该在组织结构上具备独立性，拥有足够的人力资源和财力支持。这些部门的工作人员需要具备相关领域的专业知识和技能，以便有效履行监督职责。此外，监督部门需要建立内部管理制度，确保其运行的透明度和公正性。

2. 监督检查内容

首先，监督检查的核心内容之一是参保人员资格认定的准确性。这意味着监督部门需要仔细审查养老保险机构对参保人员资格的认定过程，确保符合相关法规和政策要求。这包括年龄、工龄、社会保险记录等方面的核实，以确保只有符合条件的人员才能享受养老保险待遇。

其次，监督检查应关注缴费核算的规范性。这包括检查养老保险机构是否按照法定标准和规定程序进行缴费核算，确保缴费金额的准确性和一致性。监督部门需要审查缴费记录、报表和账务数据，以确认机构是否合规地管理养老保险基金。

再次，监督检查内容还涵盖养老金发放的及时性。这意味着监督部门需要确保养老保险机构按照规定的时间表和程序发放养老金，以满足参保人员的基本生活需求。监督检查应关注养老金支付的准确性、完整性和及时性，确保没有延误或漏发情况发生。

最后，监督检查还应着重关注养老保险基金的安全性和投资运营的合规性。监督部门需要审查养老保险基金的资金流向、资产配置和投资决策，确保基金安全运营和合法投资。这包括检查基金的投资组合是否符合法律法规、是否存在潜在风险，以及投资决策是否经过适当的决策程序。

3. 风险评估和排查

首先，风险评估和排查是维护安全和稳定的关键步骤。这一过程旨在全面分析潜在的风险因素，从而识别可能对机构或系统造成威胁的问题。首要任务是确立一个系统化的风险评估框架，包括明确定义风险、评估风险的概率和影响以及识别可能风险的方法。

其次，风险评估和排查的核心是识别潜在的风险点和漏洞。这包括对机构的内部运营、流程、管理制度以及外部环境的全面审查。监督检查部门需要仔细研究参保人员资格认定、缴费核算、养老金发放等关键流程，以确定可能存在的错误或滥用的机会。同时，也需要考虑外部因素，如法律法规的变化、市场波动和技术演进，对系统稳定性的影响。

再次，一旦潜在风险点和漏洞被识别，就需要采取相应的措施加以防范。这包括制定风险管理策略和行动计划，明确责任人和时间表，以确保问题得以解决。可能的措施包括改进内部流程、提高员工培训、强化监督机制、加强合规性审查等。这些措施应该是有针对性的，根据具体的风险点和漏洞而定。

最后，监督检查部门应根据风险评估结果，对高风险区域和机构加强监管和检查。这意味着资源应该有针对性地分配到最需要关注的领域，确保有效的监督和控制。此外，监督检查部门应建立有效的反馈机制，以便及时调整监管策略和措施，以适应不断变化的风险情况。

4.检查结果的反馈和整改

首先，检查结果的反馈和整改是监管体系的重要环节。一旦监督检查部门发现问题，首要任务是确保及时的通报检查结果。这包括向相关机构提供详细的检查报告，明确问题的性质、范围和影响。透明的信息传递对于问题的解决和整改至关重要，因此应确保信息传递是准确和全面的。

其次，监管部门需要要求相关机构进行整改。整改要求应当明确、具体、可操作，包括指定整改的期限、责任人和具体措施。整改计划应该根据问题的严重性和紧迫性来制定，确保问题得以及时解决。同时，应建立整改的监督机制，以确保整改工作按照计划进行，并在合理时间内完成。

再次，对于严重违规行为，监管部门必须依法追究责任。这包括对违法违规行为的合法调查和法律程序的启动。相关人员，特别是涉及高度违规的情况下，应依法追究刑事、行政或民事责任。这种严厉的法律制裁不仅是对违法行为的惩罚，也是对整个监管体系的强有力的警示。

最后，检查结果的反馈和整改应该是一个持续不断的过程。监管部门应确保整改工作得到跟踪和评估，以确保问题得以根本性解决，而不是仅仅解决表面问题。这需要建立有效的监督机制和定期的进展报告，以确保整改计划的执行和成效。

（二）风险防范

1.完善风险防范机制

首先，建立风险评估和预警机制。风险评估是风险防范的核心，为了确保养老保险制度的健康运行，其一，建立完善的风险评估和预警机制。监管部门应首先建立专门的风险评估团队，该团队应由专业的风险分析师、经济学家和保险专家组成，具备充分的知识和技能，能够全面评估各类风险。其二，这个团队应定期对养老保险体系进行全面的风险评估。这包括对养老保险基金的投资风险、养老金支付风险、法律法规风险、市场风险等各个方面的评估。评估过程应充分考虑不同风险之间的相互关联，以确保风险评估的全面性和准确性。其三，监管部门应建立有效的风险预警指标和模型，以便及早发现潜在问题。这些指标和模型可以基于历史数据、市场趋势、政策变化等多方面信息来构建，能够帮助监管部门提前预警可能的风险事件。此外，还应建立风险事件的分类和评级体系，以便区分不同程度的风险事件，有针对性地采取措施。其四，监管部门应确保风险评估和预警机制的信息共享和传递。这意味着相关信息应及时传递给养老保险机构、参保人员和其他利益相关者。透明的信息共享有助于各方更好地了解风险状况，采取相应的行动，提高制度的稳健性和可持续性。

其次，健全法律法规框架。法律法规框架的健全是风险防范的基础，需要以合适的法律和政策文件为保障。其一，监管部门应确保养老保险相关法规的明确性和稳定性。这包括养老金待遇计算方法、缴费规定、投资限制等方面的法律法规。稳定的法律法规有助于保持制度的连续性和可预测性。其二，法律法规框架应明确监管机构的职责和权力，以便监管机构有效履行风险防范的职责。监管机构应有足够的权力来监督养老保险机构的运作，确保其合规性和稳健性。此外，应明确违规行为的法律后果，包括行政处罚和刑事责任，以对违规行为形成威慑。其三，法律法规应具备灵活性，能够适应养老保险制度的发展和变化。随着社会、经济和政策环境的变化，养老保险制度可能需要不断调整和改进。监管部门应积极参与法律法规的修订和完善，确保法律法规与制度的实际情况相适应。其四，法律法规的透明性和普及度也是风险防范的关键。法律法规应以易理解、易获取的方式向养老保险机构和参保人员传达，以确保各方都能遵守相关法规。监管部门可以通过发布指南、举办培训和提供咨询服务来提高法律法规的普及度。

再次，透明度和信息披露。透明度和信息披露是风险防范的重要手段，有助于监管机构和参保人员更好地了解风险状况和制度的运作。其一，监管部门应确保养老保险机构提供充分的信息披露。这包括财务报告、年度报告、投资组合报告等多方面信息，应当详细、准确，并及时公开。透明的信息披露有助于监管机构和参保人员了解养老保险机构的财务状况和运作情况，提前发现潜在风险。其二，信息披露应包括对风险的充分披露。监管部门应鼓励养老保险机构公开其风险管理政策和流程，包括对投资风险、市场风险、操作风险等方面的披露。这使监管机构和参保人员能够更好地了解养老保险机构如何管理各类风险，增加了解和信任。其三，信息披露应具有可比性。监管部门可以推动行业标准的制定，以确保不同养老保险机构的信息披露是一致的，有助于比较和评估。这有助于参保人员更好地选择合适的养老保险产品和服务，提高市场竞争的公平性和透明度。其四，信息披露应注重教育和沟通。监管部门可以制定教育材料和指南，帮助参保人员理解养老保险制度的风险和机会。此外，监管部门可以设立咨询热线或在线平台，以回答参保人员的问题和解决疑虑，建立更好的沟通渠道。

2. 资金安全风险防范

首先，投资风险管理。为了降低养老保险基金的投资风险，其一，需要确保投资组合的多样化。监管机构应要求养老保险机构将资金分散投资于不同类型的资产，包括股票、债券、房地产等。这有助于减小特定资产类别的市场波动对基金的影响。其二，养老保险机构应制定详细的风险管理策略，包括风险分析、风险限制、风险控制措施等。风险管理策略应考虑不同类型的风险，如市场风险、信用风险和操作风险，并制定相应的对策。其三，市场监测和调整：养老保险机构应建立市场监测体系，密切关注各类资产市场的变化。在市场出现异常波动时，应及时采取调整投资组合的措施，以减小损失。其四，养老保险机构应评估投资组合的风险分散度，确保没有过多的依赖某一种资产或行业。通过分散投资，即使某一类资产遭受损失，也不至于对基金造成灾难性的影响。

其次，资产负债管理。其一，养老保险机构应根据其长期养老金承诺，制定资产负债管理策略。这意味着确保资产的期限和性质与负债相匹配，以便在养老金支付期间能够满足资金需求。其二，养老保险机构需要对养老金的现金流进行有效管理。这包括确保足够的现金储备，以应对可能的支出波动，同时也需要优化资本的投资，以获取更高的回报。其三，养老保险机构应定期进行负债估算，以确保养老金承诺的充足性。负债估算应考虑通货膨胀、寿命延长等因素，以更准确地反映未来的负债。其四，养老保险机构可以进行资产负债压力测试，模拟不同的市场情景和经济环境，评估基金的稳健性。这有助于识别潜在的资金缺口，并采取相应的风险管理措施。

第三节　城乡社会养老保险制度的宣传和培训

一、制度宣传与政策解读

制度宣传是城乡社会养老保险制度的重要环节，通过宣传工作可以增强参保人员对制度的了解和参与度，提高其对养老保险的认知和信心。

（一）制度宣传

1. 制度宣传材料的制作

第一，宣传手册和册页设计。制度宣传的第一步是制作吸引人的宣传材料。为此，需要专业的平面设计师和文案编辑，设计具有视觉吸引力和易于理解的宣传手册和册页。这些材料应包括清晰的图表、图片和简明扼要的文字，以解释养老保险制度的核心概念和益处。

第二，多媒体资料制作。随着数字媒体的普及，制度宣传材料也应包括多媒体内容，如视频、动画和互动演示。这些内容可以通过各种在线平台和社交媒体传播，更好地吸引年轻人和数字时代的受众。

第三，案例分析和用户故事。宣传材料中可以包括真实的用户案例分析和用户故事，以展示养老保险制度对个人生活的积极影响。这些故事可以涵盖不同年龄、职业和地理背景的人们，让受众更容易与之产生共鸣。

第四，多语言和文化适应性。考虑到不同地区和族群的多样性，宣传材料应提供多语言版本，并充分考虑文化差异。这有助于确保各种受众都能理解和接受制度信息。

2. 宣传活动的组织

第一，养老保险知识讲座。首先，养老保险知识讲座应涵盖多个主题，包括制度介绍、参保条件、养老金计算、投资运作等。这有助于参保人员全面了解制度的各个方面。其次，讲座的主讲人应为专业领域的专家，如退休规划师、社会保险专家和金融顾问。他们应能够以专业、易懂的方式传授知识，回答参保人员的问题。再次，讲座应具有互动性，允许参保人员提问和分享经验。此外，讲座可以提供实际案例和示范，帮助参保人员更好地理解制度并应用到自己的生活中。最后，讲座应定期举办，以保持参保人员的关注和学习兴趣。可以制订年度讲座计划，覆盖不同主题，以满足不同需求。

第二，宣传展览。首先，宣传展览的主题应与养老保险相关，如养老金制度的历史演变、养老金投资组合的多样性等。策划展览时，要确保信息易于理解，图文并茂。其次，展览可以选择在公共场所、政府机构大厅或商业中心等高流量区域举办，以确保更多的人群能够参观。此外，也可以考虑在线虚拟展览，以覆盖更广泛的受众。再次，展览可以设计互动体验区，让参观者亲身感受制度的运作和决策过程。例如，模拟养老金计算、风险投资决策等。最后，宣传展览可以长期持续，也可以临时性举办。长期展览有助于提供持续的宣传效应，而临时性展览可以吸引更多人参观。

第三，参保人员座谈会。首先，参保人员座谈会应该定期举办，以建立一个与政府部门官员和养老保险机构代表面对面交流的平台。其次，座谈会的重点是回答参保人员的问题和解决疑虑。政府部门人员和机构代表应提前准备答案，并提供详细的解释，以便参保人员更好地理解制度。再次，座谈会还可以用于收集参保人员的反馈意见和建议，以改进养老保险制度和宣传方式。政府部门人员和机构代表应积极倾听和回应反馈。最后，座谈会可以邀请已经获益的参保人员分享他们的成功案例，以鼓励其他人积极参与制度。成功故事有助于增强参保人员的信心和信任。

（二）政策解读

政策解读是城乡社会养老保险制度宣传的重要内容之一，通过解读政策，使参保人员更好地理解政策的内涵和实施细则。

1. 发布政策解读文件

政府部门应首先认识到政策解读文件在城乡社会养老保险制度中的重要性。这类文件可以为政策制定者、执行者和公众提供明确的政策解释和操作指南。政府部门应制定政策解读文件的规定，确保其制定和发布符合法律法规，并明确相关部门的责任。

其次，政策解读文件应详细解释城乡社会养老保险制度的政策内容，包括制度设计、参保条件、缴费规定、待遇标准、管理办法等。文件中应包含政策的法律依据、背景说明、政策目标和实施细则等信息，以确保读者全面了解政策。

再次，政策解读文件的语言应简明易懂，避免使用复杂的法律术语和行政名词。政府部门可以聘请专业的法律和政策撰写人员，以确保文件具有用户友好性，并可以被广大公众理解。

最后，养老保险制度是一个动态的体系，政策可能会随着时间而变化。因此，政府部门应定期更新政策解读文件，以反映最新的政策变化和调整。更新后的文件应及时发布，并提醒读者查看最新版本。

2. 举办政策解读会议

首先，举办政策解读会议是为了向相关利益相关者传达政策信息、解释政策背景和细节，以便他们更好地理解和实施政策。这些利益相关者可以包括政府部门、养老保险机构、社会工作者、媒体代表、研究人员和公众。

其次，政策解读会议应邀请专家和政策制定者发表演讲，深入探讨政策内容和实施细节。此外，会议应安排互动环节，允许参与者提问和交流，以解决他们的疑虑和困惑。

再次，由于城乡社会养老保险制度涉及多个方面，政策解读会议可以设置不同的分会场，分别讨论养老金计算、参保条件、缴费方式等不同主题。这有助于使会议更加专业和有针对性。

最后，为了确保政策解读会议能够吸引到目标受众，政府部门应进行广泛的宣传和注册工作。宣传可以通过各种渠道，如官方网站、社交媒体、电视广告和传单分发来进行。

3. 制作政策解读视频

首先，制作政策解读视频是一种有效的宣传和教育方式。政府部门可以制作短视频、动画或在线演示，以图文并茂地解释政策内容。这些视频可以在政府部门官方网站、社交媒体平台和在线视频分享网站上发布。

其次，制作政策解读视频需要专业的视频制作团队，包括导演、编剧、摄影师、编辑和配音员等。他们应具备相关政策知识和视频制作技能，以制作出高质量的解读视频。

再次，政策解读视频应将政策内容简化和精炼，以确保观众能够在短时间内了解政策要点。视频可以采用图表、动画和实际案例等方式，生动地呈现政策信息。

最后，为了覆盖不同语言和文化的受众，政府部门可以制作多语言版本的政策解读视频。这有助于吸引更多的受众，并提高政策的普及度。

4. 发布政策解读文章

首先，政府部门可以邀请专业的政策撰写人员和专家，撰写政策解读文章。为了确保政策解读的准确性和权威性，政府部门可以聘请具有相关领域专业知识和丰富经验的专家和政策分析师，负责起草政策解读文章。这些专业人员可以深入研究政策文本、背景和影响，以确保文章内容的权威性和可信度。

其次，政策解读文章应提供深度的解释和分析。文章应该不仅限于表面性的政策介绍，还应深入探讨政策的背景、制定目的、政策逻辑和实施细则等方面。通过提供详尽的解释和分析，读者可以更全面地了解政策的内涵和影响，以及如何与其互动。

再次，确保文章的可读性和易懂性。尽管政策解读文章需要深度和专业性，但也应确保语言通俗易懂，以便广大读者理解。文章可以采用清晰的逻辑结构、实例和案例分析，帮助读者更好地理解政策的具体应用和实际效果。

最后，建立定期更新机制。政府部门应确保政策解读文章的及时更新，以反映政策的最新变化和发展。政策解读不仅要关注政策的初次发布，还要跟踪政策的实施情况、修订和调整，及时为读者提供最新的信息和指导。政府部门可以设立专门的政策更新团队，负责监测政策动态并及时发布更新的政策解读文章。

二、专业培训与知识普及

（一）专业培训

1.培训需求调研

首先，明确定义培训需求调研的目标。在进行城乡社会养老保险制度的专业培训之前，需要明确调研的目标和范围。确定培训需求调研的主要目的是为了确定受训者的需求，以便量身定制培训计划。这一阶段的首要任务是明确问题陈述，包括确定培训的受众群体、培训内容、培训方式、培训时间和培训地点等。

其次，选择合适的调研方法和工具。培训需求调研可以采用多种方法和工具来收集信息。问卷调查是一种常用的方法，可以向潜在的受训者发送问卷，了解他们的培训需求和意愿。面对面的访谈和焦点小组讨论是深入了解受训者需求的有效途径。此外，还可以分析相关统计数据、文献研究和政策文件，以获取更全面的信息。

再次，明确受训者的背景和特点。在调研过程中，需要收集受训者的基本信息，包括年龄、性别、教育背景、职业、工作经验、养老保险参保情况等。这些信息有助于更好地理解不同受训者群体的培训需求和特点。例如，不同年龄段的参保人员可能有不同的养老保险理解和需求。

最后，分析和总结调研结果。收集完信息后，需要对调研结果进行仔细分析和总结。这包括对受训者的需求进行分类和排序，以确定哪些需求是最紧迫和重要的。还需要分析不同受训者群体之间的差异，以便根据实际情况制定差异化的培训计划。最终，调研结果应该被记录在培训需求分析报告中，供决策者和培训策划人员参考。

2.培训内容规划

首先，建立培训内容的整体框架。在规划培训内容时，需要建立一个整体框架，明确培训的大纲结构。这个框架应该包括城乡社会养老保险制度的主要模块，如制度概述、参保条件、缴费方式、待遇计算、风险管理和投资运作。这有助于确保培训内容的系统性和完整性。

其次，确定不同模块的详细内容。在每个模块中，需要确定具体的培训内容。例如，在制度概述模块中，可以包括城乡社会养老保险的发展历程、政策背景和制度设计等内容。在参保条件模块中，可以详细介绍不同群体的参保资格和条件。在待遇计算模块中，可以解释养老金的计算方法和相关政策规定。

再次，根据受训者的水平和需求分层设置内容。不同受训者可能具有不同的知识水平和学习需求。因此，培训内容应该分层设置，以适应不同群体的需求。例如，可以设置基础培训课程和高级培训课程，分别针对初学者和进阶学员。基础培训课程可以重点介绍养老保险的基本概念和政策要点，而高级培训课程可以深入探讨养老金计算、风险管理和投资运作等高级主题。

最后，确保培训内容的渐进性和互动性。培训内容应该具有渐进性，即从简单到复杂，由浅入深地呈现。这有助于学员逐步建立知识体系，不至于感到过度压力。此外，培训内容应具有互动性，包括案例分析、练习题、小组讨论和模拟操作等活动，以促进学员的参与和实际运用能力。

3. 培训材料制作

首先，编写培训手册。培训手册是培训材料的核心部分之一，应包含详细的培训内容和教学大纲。手册可以按照培训模块的结构组织，每个模块包括相关的理论知识、政策法规、案例分析和实际操作。手册的编写应注重逻辑性和清晰度，确保学员能够轻松理解和按部就班地学习。

其次，制作教学课件。教学课件是培训过程中的重要辅助工具，可以用于课堂教学和演示。课件应包括图表、图片、表格和文本等元素，以帮助学员更直观地理解培训内容。课件的设计应符合成年人学习心理学原理，注重信息呈现的简洁性和清晰性，避免信息过于密集和复杂。

再次，准备案例分析和模拟练习。案例分析和模拟练习是培训中的互动环节，有助于学员将理论知识应用到实际情境中。案例分析可以提供真实的养老保险案例，要求学员分析问题、做出决策并提出解决方案。模拟练习可以模仿实际操作，让学员亲身体验养老保险计算、风险管理和投资决策等过程。

最后，确保培训材料的实用性和更新性。培训材料应具有实用性，能够帮助学员解决实际问题。因此，在编写和制作材料时，要考虑到学员可能遇到的典型情况和挑战。此外，培训材料应定期更新，以反映城乡社会养老保险制度的最新政策和变化，确保材料的时效性和准确性。

4. 培训师资培养

首先，建立培训师资培养计划。在培养培训师资之前，政府部门和培训机构应该制定详细的培养计划。这个计划应包括培养的目标、培训课程设置、培训师资选拔标准、培训师资的评估和认证机制等方面的内容。培养计划应根据城乡社会养老保险制度的特点和培训需求进行定制。

其次，选拔合适的培训师资候选人。培训师资的选拔是培养过程的关键环节。候选人应具备城乡社会养老保险制度的专业知识，同时具备教育和培训的经验和技能。选拔可以通过面试、教学示范、教育背景和教育经验等多个维度进行评估。候选人的背景和能力应与培训目标相匹配。

再次，开展培训师培训课程。一旦候选人被选拔，他们应接受培训师培训课程。这些课程应包括教育心理学、成人学习理论、教学方法和课程设计等方面的内容。培训师培训课程应具有系统性和实践性，培训师资应通过培训课程提高他们的教育和培训能力。

最后，建立导师制度和经验分享机制。培养师资的过程应该是持续的，政府部门和培训机构可以建立导师制度，将有经验的培训师资指导和培养新人。导师可以提供个性化的指导和反馈，帮助新培训师资不断提高。此外，经验分享机制也可以促进培训师资之间的交流和学习，通过分享成功的教学实践和案例经验来提高整体培训水平。

5. 多种培训形式

首先，传统面对面培训。传统的面对面培训形式在培训师资和学员之间建立了直接的互动，有利于学员深入理解培训内容并进行实际操作。这种形式适用于小规模培训班，特别是需要实际操作和演示的情况。

其次，在线培训。在线培训通过互联网平台进行，学员可以根据自己的时间和地点安排灵活的学习进度。在线培训可以包括视频课程、互动讨论、在线测验和作业等元素，有助于学员自主学习。这种形式适用于那些无法参加传统面对面培训的学员，特别是分布在较远地区的人们。

再次，远程培训。远程培训是一种结合了在线技术和面对面教育的形式。学员可以通过视频会议等工具参与培训，与培训师资进行实时互动。这种形式可以在不同地点之间建立连接，满足学员的学习需求，同时也能够保持互动性和实践性。

最后，混合式培训。混合式培训将传统面对面培训和在线培训相结合，充分利用两种形式的优势。学员可以在课堂上接受基本知识的讲解，然后在在线平台上进行进一步的学习和练习。这种形式适用于需要平衡传统教育和现代在线教育的情况。

（二）知识普及

1. 宣传和教育活动

首先，举办城乡社会养老保险制度的讲座和研讨会。这些活动可以邀请专业的讲师和专家，为公众和参保人员提供关于养老保险制度的详细解释和政策解读。讲座和研讨会可以涵盖制度的基本原理、参保条件、待遇计算方法、风险管理等方面的知识。参与者可以提出问题并与专家互动，深入了解养老保险制度的运作。

其次，组织座谈会和互动活动。座谈会和互动活动可以提供一个平台，让参保人员和政府部门官员、保险机构代表等进行面对面的交流和对话。参保人员可以分享他们的疑虑和建议，政府部门和保险机构可以解答疑问并收集反馈意见。这有助于建立互信关系，提高公众对养老保险制度的信任度。

再次，制作宣传材料和宣传视频。宣传材料如宣传册、海报、手册等可以传播养老保险制度的基本信息，如政策亮点、参保流程和权益保障。同时，制作宣传视频可以通过视觉和声音更生动地呈现制度的相关内容，吸引更多人关注。

最后，建立在线宣传渠道和社交媒体。利用互联网和社交媒体平台，政府部门和社会组织可以传播关于养老保险制度的信息。通过建立官方网站、社交媒体账号和在线问答平台，可以为公众提供便捷的信息获取途径，并及时回应他们的问题和关切。此外，可以定期发布制度政策解读、成功案例和参保人员故事，以吸引更多关注和参与。

2. 信息披露和官方网站

首先，建立官方网站和在线平台。政府部门可以建立专门的官方网站，以供公众获取养老保险制度的相关信息。该网站应该提供清晰的导航和搜索功能，方便用户查找所需信息。同时，政府部门也可以建立手机应用程序，使信息更加便捷地通过移动设备访问。

其次，发布政策法规和参保指南。官方网站可以定期发布最新的政策法规文本，包括制度的法律依据和政策解释。此外，网站还可以提供详细的参保指南，解释参保条件、流程和权益保障等方面的内容。这有助于个人了解自己的权益和责任。

再次，提供待遇计算工具和在线查询服务。官方网站可以提供待遇计算工具，让参保人员根据个人情况估算养老金待遇。同时，也可以提供在线查询服务，让参保人员查询个人的缴费记录、待遇发放情况等信息。这些工具和服务可以帮助参保人员更好地规划养老金领取计划。

最后，设立常见问题解答和咨询渠道。官方网站应该设立常见问题解答栏目，回答参保人员常见的疑问和问题。此外，政府部门还可以提供在线咨询渠道，让参保人员可以向专业人员提问并获取及时的答复。这有助于解决个人的疑虑和困惑。

3. 社交媒体和在线资源

首先，利用社交媒体平台进行宣传和互动。政府部门可以建立和管理官方社交媒体账号，如微博、微信、脸书等，用于发布关于养老保险制度的信息和政策解读。通过社交媒体，政府部门可以将信息传播到更广泛的受众群体中，吸引更多人关注养老保险制度。此外，政府部门也可以通过社交媒体平台与公众互动，回答他们的疑问和关切，建立信任关系。

其次，开发在线教育资源。政府部门可以开发养老保险制度的在线教育资源，包括视频教程、互动模拟和在线课程。这些资源可以帮助个人更灵活地学习和理解制度知识，无需受时间和地点的限制。在线教育资源可以涵盖制度的各个方面，从基本原理到政策法规，从参保流程到待遇计算，为学员提供全面的学习体验。

再次，建立在线社区和讨论平台。政府部门可以建立在线社区和讨论平台，让参保人员和感兴趣的公众可以在这里分享经验、讨论问题并提出建议。在线社区可以促进知识分享和互助合作，使学习变得更有趣和有价值。政府部门也可以派专业人员参与社区讨论，提供准确的答案和指导。

最后，提供手机应用程序和移动学习平台。政府部门可以开发养老保险制度的手机应用程序，让参保人员可以随时随地访问制度信息和学习资源。移动学习平台可以提供个性化的学习体验，根据学员的需求和水平进行定制化教育。这有助于提高学习的便捷性和灵活性。

4. 学校教育和职业培训

首先，将养老保险知识纳入学校教育课程。养老保险制度的基本原理和政策可以作为一门专题课程或者融入社会学、经济学等相关课程中。这样，学生可以在学校阶段就开始接触到养老保险的概念和运作方式。在初中和高中层级，可以介绍养老保险的基本概念、参保条件和待遇计算方法。在大学层级，可以深入探讨养老保险的经济学原理、政策法规和国际比较等更复杂的话题。

其次，在职业培训和继续教育中提供养老保险课程。职业培训机构和继续教育中心可以开设养老保险课程，面向不同年龄和职业背景的人群。这些课程可以适应学员的实际需求，从基础知识到高级理论都可以包括在内。职业培训中的员工可以通过这些课程了解养老保险制度，以更好地为自己和客户提供咨询服务。

再次，提供实践机会和案例研究。学校教育和职业培训应该注重实践教育。学生和培训学员可以参与模拟养老保险案例研究，了解如何计算养老金待遇、评估风险和制定养老规划。此外，他们还可以获得实际参与政府部门或保险机构的实习机会，深入了解制度的运作和管理。

最后，推广养老保险教育资源。政府部门和相关机构可以开发养老保险教育资源，如教材、课件、在线模拟工具等，供学校和培训机构使用。这些资源可以帮助教师和培训师资更好地传授知识，学生和培训学员也可以自主学习和复习。同时，政府部门可以提供奖学金和补助金，鼓励学生和职业人士参与养老保险教育。

5. 媒体合作

首先，建立战略媒体合作伙伴关系。政府部门和养老保险机构可以与主流媒体建立战略合作伙伴关系，包括报纸、电视台、广播电台和新闻网站。通过这些合作，可以确保养老保险制度的相关信息得到及时和广泛的传播。媒体机构可以提供专业的新闻报道和特稿，深入解析制度政策和操作流程，向公众传递准确的知识。

其次，制作专题节目和教育栏目。政府部门和媒体可以合作制作专题节目和教育栏目，通过电视和广播等媒体传媒渠道向观众介绍养老保险制度。这些节目可以包括政策解读、参保人员的故事、专家访谈等内容，以吸引观众的关注和参与。此外，也可以借助社交媒体平台在线播放这些节目，扩大传播范围。

再次，举办专题研讨会和座谈会。媒体合作可以组织专题研讨会和座谈会，邀请政府部门官员、专家学者、养老保险从业人员和参保人员等各界人士参与讨论。这些活动可以深入探讨养老保险制度的相关议题，加深公众的理解。媒体可以对这些活动进行报道，进一步推广养老保险知识。

最后，利用社交媒体和在线平台扩大影响。媒体合作伙伴可以利用社交媒体平台，如微博、微信等，将养老保险制度的知识传播给更广泛的受众。通过发布信息、互动讨论和在线问答等方式，可以提高公众的参与度和知晓度。媒体还可以建立专门的养老保险知识传播网站，提供丰富的教育资源和政策解读。

参考文献

[1] 孙正成，兰虹.我国社会养老保险代际分配：公平与可持续——从马克思社会保障思想出发 [J].长白学刊，2016（2）：105-112.

[2] 钟玉英，司文晴.善治理念下城乡居民养老保险制度可持续发展策略 [J].广西经济管理干部学院学报，2016（1）：14-19.

[3] 陈小勇.人口老龄化对养老保险制度可持续发展的挑战 [J].中小企业管理与科技，2016（11）：89-90.

[4] 王作宝.代际公平与代际补偿：养老保险可持续发展研究的一个视角 [J].东北大学学报，2016（1）：68-73.

[5] 聂建亮，苗倩.需求满足、政策认知与待遇享受——社会养老保险对农村老人幸福感影响的实证分析 [J].西北大学学报，2017（6）：79-86.

[6] 刘海霞，吴文娟.我国新型农村社会养老保险制度可持续发展的困境与进路 [J].西北工业大学学报，2017（3）：16-18.

[7] 赵静华.老龄化背景下我国农村新型社会养老保险制度的思考 [J].农业经济，2018（11）：74-75.

[8] 米红，刘悦.参数调整与结构转型：改革开放四十年农村社会养老保险发展历程及优化远景 [J].治理研究，2018（6）：17-27.

[9] 刘海英.城乡居民社会养老保险的财政激励机制研究——基于效率与公平双重价值目标的考量 [J].兰州学刊，2016（2）：144-152.

[10] 齐海鹏，杨少庆，尹科辉.我国基础养老金全国统筹障碍分析及方案设计 [J].地方财政研究，2016（11）：26-33.

[11] 马红梅.德国养老保险基金运营模式与政策借鉴 [J].社会科学家，2017（1）：41-45.

[12] 毛景.养老保险补贴的央地财政责任划分 [J].当代经济管理，2017（3）：80-85.

[13] 赵欣.社会养老保险统筹账户财政支付现象分析 [J].山东商业职业技术学院学报，2018（5）：21-28.

[14] 康传坤，孙根紧.基本养老保险制度对生育意愿的影响 [J]财经科学，2018（3）：67-79.

[15] 王天宇，彭晓博.社会保障对生育意愿的影响来自新型农村合作医疗的证据 [J].经济研究，2015，50（2）：103-117.

[16] 陈欢，张跃华. 养老保险对生育意愿的影响研究——基于中国综合社会调查数据（CGSS）的实证分析 [J]. 保险研究，2019（11）：88-99.

[17] 王国军，高立飞. 低生育意愿的一个解释：养儿防老向商业保险养老转变——基于 CGSS2015 数据的实证分析 [J] 兰州学刊，2021（2）：179-195.

[18] 刘一伟. 社会养老保险、养老期望与生育意愿. [J] 人口与发展，2017（4）：30-40.

[19] 张川川，陈斌开. "社会养老"能否替代"家庭养老"——来自中国新型农村社会养老保险的证据 [J]. 经济研究，2014（11）：102-115.

[20] 张川川，李雅姻，胡志安. 社会养老保险、养老预期和出生人口性别比 [J]. 经济学（季刊），2017，16（2）：749-770.

[21] 郭凯明，龚六堂. 社会保障、家庭养老与经济增长 [J]. 金融研究，2012（1）：78-90.

[22] 石智雷，杨云彦. 符合"单独二孩"政策家庭的生育意愿与生育行为 [J] 人口研究，2014，38（5）：27-40.

[23] 庄亚儿，姜玉，王志理，等. 当前我国城乡居民的生育意愿——基于 2013 年全国生育意愿调查 [J] 人口研究，2014（3）：3-13.

[24] 程令国，张晔，刘志彪. 新农保改变了中国农村居民的养老模式吗 [J] 经济研究，2013，48（8）：42-54.

[25] 张苏，王婕. 养老保险、孝养伦理与家庭福利代际帕累托改进 [J]. 经济研究，2015（10）：147-162.

[26] 郭志刚. 中国的低生育水平及其影响因素 [J] 人口研究，2008（4）：1-12.

[27] 王浩名，柳清瑞. 社会保障费率对婚姻结构和生育决策的影响：建模与实证分析 [J]. 山西财经大学学报，2015，37（8）：1-10.

[28] 田宋，席恒. 在岗职工退休意愿及影响因素实证研究——基于中国 10 个省（市、区）的调查数据 [J]. 经济体制改革，2017（6）：39-45.

[29] 王竹，陈鹏军. 我国职工延迟退休意愿决定因素实证分析——基于全国 28 个省级行政区的调查数据 [J]. 江苏大学学报（社会科学版），2018，20（6）：86-92.

[30] 弓秀云. 我国劳动者退休意愿的实证研究 [J] 云南财经大学学报，2018，34（6）：105-112.